당신은 분노할 자유가 있다.
분노할 자유란 분노를 생각하고, 분노를 억누르고,
분노를 분출하고, 분노를 이용할 수 있다는 말이다.

남이 당신이 원하는 사람으로 되지 않는다고 화내지 마라.
왜냐하면 당신도 당신 스스로를
자신이 원하는 사람으로 만들 수 없기 때문이다.

토마스 아캠퍼스

화에 대한 가장 좋은 처방은 뒤로 미루는 것이다.

노만 빈세트 필

이성을 잃는 것은 진정 많은 것을 잃는 것이다.
즉, 건전하게 생각하는 능력을 잃는 것이요,
나아가서는 균형잡힌 결정 능력을 잃는 것이다.

조지 스위팅

심리학이
분노에 답하다

심리학이 분노에 답하다

펴낸날 2022년 9월 30일 1판 1쇄

지은이_충페이충
옮긴이_권소현
펴낸이_김영선
책임교정_이교숙
교정교열_정아영, 남은영, 이라야, 나지원
경영지원_최은정
디자인_바이텍스트
마케팅_신용천

펴낸곳 (주)다빈치하우스-미디어숲
주소 경기도 고양시 일산서구 고양대로632번길 60, 207호
전화 (02) 323-7234
팩스 (02) 323-0253
홈페이지 www.mfbook.co.kr
이메일 dhhard@naver.com (원고투고)
출판등록번호 제 2-2767호

값 17,800원
ISBN 979-11-5874-164-8(03180)

분노라는
가면을 쓴
진짜 감정
6가지

충페이충 지음
권소현 옮김

심리학

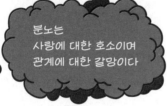

분노는
사랑에 대한 호소이며
관계에 대한 갈망이다

이에

분노에

답하다

미디어숲

익숙하고도 낯선 감정,
분노

분노는 우리에게 익숙하고도 낯선 감정이다. 분노는 거의 매일 우리와 함께하기에 익숙한 감정이다. 어떤 사람은 분노를 분명히 드러내지만, 어떤 사람은 은근하고 애매하게 표출한다. 불같이 화내며 분노하는 사람이 있는가 하면, 어떤 사람은 말수가 줄고 냉랭해진다. 어떤 방식으로 분노를 드러내든, 분노는 우리 마음속에서 자주 일어난다.

그렇다면 분노가 낯선 이유는 뭘까? 우리는 대개 자신이 분노했다는 사실은 알지만, 분노의 배후에 무엇이 있는지는 생각하지 않는다. 분노는 겉으로 드러나는 현상일 뿐 그 배후에는 억울함, 기대, 심판, 무력감, 두려움이 존재한다. 또한 분노를 표현하는 데는 익숙하지만, 그 배후에 담긴 정보를 이해하는 데는 서툴다.

분노 안에도 사랑이 존재한다. 분노에 조금이라도 상대방을 위한 마음이 없다고 말하긴 어렵다.

나를 찾아온 많은 내담자가 배우자, 부모, 자녀, 상사, 동료, 낯선 사람에게 분노한다고 말한다. 이 분노 때문에 그들은 괴롭고 무력감에 빠진다. 그런데 이들은 화를 내거나 꾹 참는 것 외에 다른 방식으로는 분노를 해결하지 못하는 듯하다.

많은 관계가 분노 때문에 망가지고 많은 일이 분노 때문에 수포로 돌아간다. 하지만 분노에 따른 결과가 꼭 실패로 연결될 필요는 없으며 또 다른 더 좋은 가능성으로 이어질 수도 있다.

나도 분노라는 감정을 절제하지 못하거나 표출하지 못할 때가 있다. 또 당연하다는 듯이 '당신 잘못이야.', '당신이 이러면 안 되지.'라고 생각해서 스스로 놀랄 때도 있다.

나 자신에게 그 이유를 물어본 결과, 그 배후에 나도 모르는 놀랍고 풍부한 세상이 있었다. 그래서 나는 생각하기 시작했다. 분노의 근원은 무엇일까? 무엇 때문에 사람들은 분노할 때 당연하다고 생각할까? 분노의 배후에는 동력이 많고, 정보가 복잡한데 우리가 밝혀낼 수 있는 것은 왜 적을까?

그래서 사람들이 분노의 과정을 탐구할 수 있도록 '내 마음속 분노 살펴보기'와 〈분노 분석표〉를 통해 자신의 분노를 새롭게 인식하고 분노를 이해할 수 있도록 했다.

분노 뒤에 숨어 있는 6가지 원인 감정

1. 분노는 심판이다: 상대방이 나의 기준이나 규칙에 어긋날 때 분노한다. 그럴 때 나는 신의 시각으로 상대방을 평가하고 화를 낸다. 나는 맞고 상대방이 틀렸으므로 상대방이 변해야 한다. 이 것이 분노의 첫 번째 원인 감정이다.

2. 분노는 기대다: 자신의 요구나 기대가 좌절될 때 상대방에게 분노한다. 상대방이 나를 위해 무언가를 해 주길 바라고 나의 조 력자가 되었으면 한다. 그런데 상대방이 여기에 응하지 않으면 나 는 화를 낸다. 상대방은 내가 바라는 대로 행동해야 한다고 생각 하기 때문이다. 이는 분노의 두 번째 원인 감정이다.

3. 분노는 자기 요구다: 분노는 다른 사람에게 요구하는 것처럼 보이지만 사실은 자신을 향한 요구다. 나에게 요구하는 것을 다 른 사람에게 요구하는 것뿐이다. 잠재의식은 언제나 모두가 자신 이 정한 '바른' 방식으로 살아야 한다고 생각한다. 내가 이렇게 행 동하면 다른 사람도 똑같이 해야 한다고 여기는데 이는 분노의 세 번째 원인 감정이다.

4. 분노는 감정의 연결이다: 분노할 때 그 배후에는 억울함, 두려움, 무력감 등 나약한 감정이 존재한다. 분노는 상대방이 자신의 이런 감정을 들여다보고 다독여 주길 바란다. 분노는 타인 역시 자신의 내면과 같이 억울함, 두려움, 무력감과 같은 감정을 갖도록 만들 수 있다. 그러면 타인이 분노한 자신을 더 잘 이해할 수 있다고 생각한다. 지금 나는 무력하기 때문에 상대방도 이 같은 무력감을 느껴야 한다. 이는 분노한 사람의 네 번째 원인 감정이다.

5. 분노는 두려움이다: 사람들이 분노하는 이유는 그렇게 해야 큰 위험을 피한다고 생각하기 때문이다. 분노의 배후에는 더 심각한 결과를 초래할 것 같은 두려움이 존재한다. 그래서 분노는 자기를 보호하기도 하고 타인을 보호하기도 한다. 나와 상대방 모두 나쁜 상황을 불러오는 행동을 하지 않기를 바란다. 이는 분노한 사람의 다섯 번째 원인 감정이다.

6. 분노는 사랑이다: 분노의 배후에는 헌신이 자리한다. 사람은 상대방을 위해 많은 것을 바친 만큼 상대방 역시 나에게 많은 것을 바치길 바란다. 상대방의 사랑을 얻고 싶어서 내가 먼저 상대방에게 사랑을 바친다. 그래서 많이 헌신하는 사람은 쉽게 분노한

다. 하지만 헌신과 보답은 완전한 대응 관계를 이루지 않는다. 헌신한 만큼 대가를 얻지 못해도 지극히 정상이다. 내가 상대방을 사랑하기 때문에 상대방도 나를 사랑하길 원한다. 이는 분노한 사람의 여섯 번째 원인 감정이다.

누구에게나 분노할 자유는 있다

분노는 나쁜 일이 아니다. 우리에게 필요한 것은 분노를 억누르거나 충동적으로 분출하는 것이 아니라 자신의 분노를 이해하는 것이다. 이해야말로 변화를 이끄는 최고의 길이다.

분노가 지나간 후 혼자 있을 때 복기하고 돌이켜보면서 자신에게 왜 분노했는지 물어보자.

성장은 무지에서 깨달음을 거쳐 통찰까지 가는 과정이다. 어쩌면 '이렇게 많은 것을 아는 것이 무슨 소용이 있을까? 이치는 다 알아도 여전히 화가 나는데….'라고 생각할지도 모르겠다.

변화가 낯설 수도 있다. 변화는 단일한 시각에서 다원화된 시각으로의 전환이다. 변화를 바란다는 의미는 반드시 다르게 해야 한다는 것이 아니라 다르게 해도 된다는 뜻이다. 분노를 새롭게 인지하면 선택 사항이 하나 더 늘어난다. 단순히 분노를 억누르는 것이 아니라 더 심층적인 측면에서 분노를 해결할 수 있다는 말이다.

기존의 단일한 시각은 익숙하고 자연스러운 반면, 새로운 시각은 낯설고 이상하고 의심스러우며 거부하고 싶다. 문제를 바라보는 관점을 바꾸면 불편할 수도 있다. 에너지가 부족할 때는 기존의 틀대로 분노해도 된다. 나중에 감정이 사그라들고 에너지가 회복된 후 다시 한번 생각해 보자. 그때 나는 어떻게 했고, 왜 분노했는가. 그 과정에서 나는 조금씩 단단해지면서 나를 이해할 가능성이 커진다.

당신은 분노할 자유가 있다. 분노할 자유란 분노를 생각하고 분노를 억누르고 분노를 분출하고 분노를 이용할 수 있다는 말이다.

이 책은 주로 타인을 향한 분노에 대해 다룬다. 자신에 대한 분노도 같은 원리이므로 이왕이면 유추를 통해 자신의 분노에 대해 생각해 볼 기회를 갖길 바란다.

저자 홍페이윤

차례

들어가며 익숙하고도 낯선 감정, 분노 · 08

1장 분노를 이해하면 인생이 달라진다

분노에 대처하는 4가지 방식 · 20
사람들이 분노를 억누르는 이유 · 25
분노를 참을 수 없을 때 · 28
분노는 무언가 잘못됐다는 신호 · 33

2장 라벨링에 따라 분노가 올라온다
:분노는 심판이다

나의 해석에 따라 감정이 결정된다 · 42
설명하지 않으면 화가 난 이유를 모른다 · 50
구체적으로 표현하면 오해가 사라진다 · 57
당신이 틀렸기 때문에 나는 분노한다 · 64
분노를 정당화하기 위한 전면 부정 · 70
'나의 규칙이 진리'라는 데서 비롯된 분노 · 78
차이를 해결하는 방법 · 92

3장 과잉 기대가 불러온 분노
:분노는 기대다

기대가 크면 분노를 불러일으킨다 · 102

분노 속에 숨겨진 미움 · 115

상대를 미워하면서 가치감을 느낀다 · 122

'문제'가 중요할까, '관계'가 중요할까? · 130

다른 사람을 심판하는 거대한 쾌감 · 140

마음 성장 3단계 · 148

4장 상대방을 향한 요구는 나에 대한 요구다
:분노는 자기 요구다

분노가 일어나는 공식 · 156

서로 다른 관점이 화를 부른다 · 165

적절한 포기의 황금 비율 · 171

대부분 자신의 그림자를 숨긴다 · 178

5장 내가 울적하면 너도 울적해야 해
:분노는 감정의 연결이다

내가 즐겁지 않으니 당신도 즐거우면 안 돼 · 190

분노는 상처를 포장한다 · 197

분노는 바이러스처럼 감정을 전달한다 · 203

상대방의 감정이 나와 같아졌을 때 · 209

6장 걱정이 분노로 표출된다
:분노는 두려움이다

이성적일수록 쉽게 분노한다 · 216

걱정을 분노로 표현한다 · 223

자동적 사고의 고리를 끊어라 · 231

7장 헌신할수록 쉽게 분노한다
:분노는 사랑이다

사랑받고 싶어서 분노가 생긴다 · 242

수시로 요구한다면 관계는 흔들린다 · 251

분노를 유발하는 헌신하는 마음 · 259

나를 사랑하는 첫걸음, 인위적 헌신을 멈추자 · 268

자기 사랑을 위한 극적인 해답 · 275

부록

분노 분석표 · 281

분노 분석표 사용설명서 · 283

아침에 일어나 뜨거운 아메리카노를 마시다가 그만 입을 데었다.
이때 느껴지는 통증은 나의 입술이 화상을 입었을 수도 있다고 경고한다.
이는 꼭 필요한 감각이다.
신체의 통증은 우리 몸에 문제가 생겼음을 알려주는 일종의 신호다.
분노 역시 신호다!

분노를 이해하면
인생이 달라진다

분노에 대처하는
4가지 방식

　당신은 분노한 경험이 있는가? 분명 그렇다고 대답할 것이다. 그렇다면 최근에 언제 분노했는지, 누구에게 분노했는지 기억하는가? 살아오면서 가장 크게 분노한 건 언제이고, 그때 어떻게 대처했는가? 답을 생각하다 보면 누구나 분노를 경험하지만 계속 분노한 상태로 있는 사람은 없다는 사실을 깨닫는다. 이는 무엇을 의미할까?

　결국 분노는 지나간다는 것이다.

　그런데 분노는 어떻게 지나갈까? 분노의 감정이 끓어오를 때마다 어떻게 대처하는가? 분노를 어떻게 다루고 어떻게 바라보는가? 분노를 환영하고 이용하는가? 아니면 배척하고 대항하는가?

우리는 알게 모르게 분노에 대처하기 위한 방식을 선택하는데 보통 4가지 방식으로 나뉜다. 대개는 분노를 억압하거나 표출하고 드물지만 원인을 곰곰이 따져 보거나, 그 에너지를 활용하는 이도 있다.

사람들은 분노를 대하는 태도가 단순한 편이다. 대다수가 분노를 억누르거나 아니면 표출한다. 분노가 일어나면 우선 참았다가 도저히 참기 어려우면 표출한다. 심리적으로 성숙한 극소수의 사람들은 분노를 탐구하고 그 배후에 숨겨진 의미를 알고자 한다. 나아가 자신의 분노를 통해 자기에게 모종의 가치를 선사한다.

분노는 비바람이나 번개처럼 세상에 당연히 존재하는 자연의 일부다. 이를 이용하는 방법을 익히면 거대한 자원으로 활용할 수 있지만, 그렇지 않으면 종종 재난이 된다.

분노를 탐구하는 첫걸음은 바로 자신이 분노를 어떻게 다루고 있는지를 아는 것이다.

스스로 분노를 억누른다

분노를 느꼈을 때 자신의 분노가 바람직하지 않다고 여겨 이를 혐오하거나 잘못된 감정이라며 받아들이지 못하는 사람이 있다. 따라서 이들은 자신의 분노를 억누른다. 분노를 억누른다는 것은 그 순간 자신의 분노를 허락하지 않고 분노가 외부로 드러나지 않도록 이성으로 통제하여 자신 안에 가둔다는 뜻이다.

자기 강요를 통해 분노를 억누른다

자기 강요는 세상의 이치를 토대로 화내지 말 것, 감정 관리법과 '수용'하는 법을 배워 성숙한 사람이 될 것 등을 자신에게 설득하고 요구하는 방식이다. 이 방식을 이용하는 사람들은 '가족에게 최고의 사랑을 주는 것이 선이다', '사랑한다면 수용해야 한다', '화내지 마라' 등의 관념을 따른다. 이들은 분노를 참으면 분노가 없어진다고 여긴다. 예를 들어 부모는 '자녀에게 화를 내면 안 된다'고 생각하고, 고객 상담사는 '고객에게 화를 내면 안 된다'고 여기며, 회사원은 '상사에게 화를 내면 안 된다'고 다짐한다. 또 품위를 중시하는 사람은 '공공장소에서 화를 내거나 싸우면 안 된다'고 생각한다.

하지만 사실 이들은 세상의 이치를 동원해 자신에게 분노하지 말라고 압박하고 있다. 그런데 현실은 바라는 대로 되지 않는다. 아무리 스스로 올바른 이치를 강조해도, 침착한 모습을 보이기 위해 노력해도 분노는 사라지지 않는다.

자기 위안을 통해 분노를 억누른다

우리가 분노하는 이유는 상처를 입었기 때문이다. 그런데 '사실 별로 상처 입지 않았어. 그건 내게 별일 아니야.'라며 자신을 위로하는 사람들이 있다. 이들은 심지어 '그만두자', '화낼 가치도 없어', '참아', '그럴 필요 없잖아', '난 상관없어' 같은 말로 대수롭지 않은 일이라고 자신을 다독인다. 일종의 정신 승리법인 이 방식 또한 본질적으로 분노를 억누른다. 예를 들어 상인에게 돈을 갈취당했다든가 누군가에게 영문도 모른 채 욕설을 들었다면 납득하기 어렵다. '나는 잘못하지 않았는데 피해를 입었어.' 하는 생각이 든다. 하지만 곧 생각을 바꿔 '사실 별일 아니잖아. 액땜이라고 생각하자.'라며 자신을 위로한다. 분명히 신경 쓰이고 불편하지만, 전혀 개의치 않다고 자신에게 말한다.

자기 암시는 더 높은 수준의 자기 위안이다. 분노하는 일을 겪을 때마다 '난 사실 포용력이 강한 사람이야. 긍정적인 에너지가 가득한 사람이지. 불평하지 않는 사람이 될 거야.'라고 자신에게 암시한다.

자기 위안을 통해 분노를 억누르는 사람은 자신이 능동적이라고 여긴다. 이들은 '너의 잘못을 해결할 방법이 없는 것이 아니라 내가 개의치 않기로 한 거야.'라고 생각한다. 그리고 이러한 자기 위안을 통해 한결 나아진 기분을 느낀다.

아예 분노를 부인한다

자신의 억울한 감정을 소홀히 하는 사람들이 있다. 다른 사람 때문에 생긴 억울함을 참고 견디는 것에 익숙하기 때문이다. '인생이 원래 그렇지 뭐.'라고 자조하는 말버릇이 이를 대변한다. 이들은 흔히 무의식적으로 자신의 분노를 차단한다. 따라서 자신의 분노를 자각하지 못하지만 그렇다고 분노의 감정이 없다는 뜻은 아니다. 이들에게 "그 일이 정말 조금도 억울하지 않았어?"라고 물어보면 어떻게 답할까. 이들은 그런 일로 억울해하면 안 된다고 여긴다. 이들은 분노 감정이 없는 것이 아니라 평범하고 정상적이라고 생각해서 분노할 필요가 없고, 익숙해진 일을 겪었기 때문에 분노를 느끼지 못했을 뿐이다.

분노를 부인할 때의 가장 좋은 점은 상처받은 기분을 강렬하게 느끼지 않는다는 것이다. 그리고 분노를 부인하면 '분노하지 않는 사람'이라는 이미지를 유지할 수 있다.

주의를 다른 데로 돌린다

분노를 느낄 때 이를 잊기 위해 다른 일을 강행하는 행동으로 분노에 대한 주의를 전환하기도 한다. 예를 들어 어떤 일 때문에 분노가 일어나면 회사일 또는 집안일을 하거나 술을 마신다. 화가 나는 순간에 다른 일을 이용해 분노를 강하게 끊어 내는 것이다.

하지만 주의를 전환하면 분노는 잠재의식 안에 잠시 갇혀 있는 것일 뿐, 결코 사라지지 않는다.

사람들이
분노를 억누르는 이유

분노를 억누르면 한동안 우호적인 분위기를 유지하고 갈등을 피할 수 있다. 갈등을 좋아하지 않는 사람은 자신의 이익을 희생하더라도 분노를 억누르고 화기애애한 분위기를 유지하고자 한다. 이때 안전함을 느낄 수 있기 때문이다. 분노를 억누르고 다른 사람의 행위를 묵인하면 더 무례한 행동을 유발할 수도 있지만, 그것은 나중 일이다. 지금의 잠재의식은 '나와 우리가 모두 좋은 이 순간'이 계속되길 바랄 뿐이다.

분노를 억누르면 자신의 이미지를 유지할 수 있다. 분노를 표출하면 감정적이고 비전문적인 사람으로 보일까 봐 걱정하는 사람 역시 자신의 이미지를 유지하기 위해 분노를 억누른다. 분노를 억누르면 너그럽고 관대하며 감정 조절력이 뛰어나 보이기 때문이다.

분노를 억누르면 현재 상황에 대처하는 데 유리하다. 직장인이라면 우선 분노를 누그러뜨려 눈앞에 닥친 일을 잘 처리해야 한다. 분노를 억눌러 한편에 놓아두고 당면한 문제에 집중하면 이익을 최대화할 수 있다.

분노 억압은 이성을 발휘했을 때 나타나는 필연적인 결과이자 성숙함의 표현이다. 분노를 억누르지 못하는 사람은 안전장치를 잠그지 않은 총처럼 위험하다. 상처를 잘 감싸기 위해서는 우선 상처 부위를 깨끗하게 소독해야 한다. 하지만 상처 소독은 아프기 때문에 이성을 발휘해 고통을 참아야 한다. 이는 자신을 위한 잠깐의 억압이라는 것을 우리는 모두 알고 있다.

분노를 누르기만 했을 때의 부작용

하지만 분노를 억누르면 부작용이 발생한다. 일단 건강에 해롭다. 분노를 억누르면 분노가 몸 안에 쌓이고 결국 몸에 이상 증상이 나타난다. 몸 안에 오랜 시간 머무른 분노는 몸을 공격한다. 분노를 억누르고자 하면 사람의 몸은 우선 분노 감정을 해결하려 한다. 그 과정에서 신체의 다른 부분에 공급되어야 할 정력이 줄어들어 내분비 불균형이나 면역 계통 교란 등 문제가 발생한다. 많은 질병이 분노를 과도하게 억누르는 것과 상관관계가 있다는 연구 결과도 있다.

또한 활기를 잃는다. 분노를 억누르면 공격성도 억눌린다. 오랫동안 자신의 공격성을 억누른 사람은 거세를 당하거나 영혼을 빼앗긴 사람처럼 삶이나 일터에서 자신의 능력을 다 발휘하지 못하고 활기를 잃어 간다. 분노에 대항하는 데 자신의 에너지를 전부 소모하기 때문이다. 이때 몸은 에너지 소모를 줄여 자신을 보호하기 위해 우울을 선택한다. 우울은 오랜 시간 억압한 분노와 어느 정도 관계가 있다.

분노를 억누르면 무시당하기 쉽다. 활기가 없으면 만만하고 호락호락해 보인다. 오랜 시간 분노를 잘 표현하지 못한 사람은 사회생활을 하다가 손해를 입기도 한다. 자신을 보호하기 위한 수단으로 분노를 이용하지 않는다면 약하고 상대하기 쉬운 사람으로 여겨지고 무시당한다.

분노를 억누르면 관계를 망친다. 다른 사람을 공격하지 않아서 그 사람과의 관계를 유지하더라도 관계 안에서 분노를 너무 오래 참으면 자연스레 불편해진다. 불편한 감정이 너무 많이 쌓이면 그 관계를 끝내거나 상대방을 떠나고 싶은 생각이 든다. 따라서 어떤 관계에서든 분노를 계속 억누르기만 하면 언젠가는 관계가 끝날 것이라고 생각한다. 그런 생각을 품고 있으면 실제 그렇게 된다.

분노를
참을 수 없을 때

분노를 참고 싶지 않거나 참을 수 없을 때가 있다. 이럴 때는 자신의 감정대로 분노를 대외적으로 드러내게 된다.

상대방을 비난한다

비난은 매우 흔히 보는 분노 표출 방식이다. 반려견이 집 안에서 아무 곳에 배설했을 때, 가족이 마음에 들지 않는 행동을 할 때, 직원의 업무 성과에 불만이 있을 때도 화를 내고 비난을 가한다. 비난의 핵심은 '나는 상처 받았어! 나를 불쾌하게 했으니 나도 널 괴롭게 할 거야! 내 요구대로 하지 않았으니까 벌을 주겠어! 내 기분을 망친 대가로 두려움을 느끼게 할 거야. 나에게 그렇게 하지 않았던 것을 반성하고 후회하게 할 거야!'이다.

비난하는 사람은 속이 후련할 것 같지만 비난을 마친 후에도 화가 풀리지 않거나 자신이 나쁜 사람이라는 생각까지 든다.

상대방을 비평한다

비평하는 사람은 감정을 슬쩍 억누르는 듯한 태도를 취한다. 품위를 지키는 듯 보이지만 비평하는 동안 분노가 조금씩 새어 나온다. 다 잠그지 않은 수도꼭지에서 물줄기가 조금씩 흘러나오는 것처럼 말이다.

자녀가 말을 듣지 않아 화가 나면 어떻게 할까? 공부를 잘하지 않으면 장래가 없다고 말하며 아이에게 잘못을 깨닫고 행동을 바꾸라고 요구한다. 비난과 비평은 다르다. 비평은 상대방에게 이치를 늘어놓으며 빈틈없는 화술로 괴롭힌다. 하지만 비난은 기선을 제압하고 상대방에게 두려움을 줘서 반항할 수 없게 만드는 것이 핵심이다. 비평하는 사람은 '난 당신과 옳고 그름을 따지며 문제를 논하고 해결하려는데, 당신은 왜 화를 내지?'라며 억울해한다. 사실 이들이 놓친 부분이 있다. 자신은 상대방과 이치를 논하고 따진다고 여기지만 상대방의 의견에는 귀를 기울이지 않고 있다. 그러니까 소통이 아닌 자신의 감정을 발산할 뿐이다.

자신의 내면을 적극적으로 표현한다

적극적 내면 표현은 상대방에게 자신의 기분이 어떤지, 어떤 상처를 받았는지, 자신이 왜 화가 났는지 명확하게 드러내는 방식이다. 이는 비평보다 높은 수준이다. 비평이 사람의 마음 상태보다는 사건 자체에 집중한다면, 적극적 내면 표현은 그 순간 어떤 상처를 받았는지 감정 상태를 드러내기 때문이다. 예를 들어 분노가 일어나면 '계속 내 메시지에 답장하지 않았잖아, 정말 화가 난단 말이야. 무시당한 느낌이거든. 아주 불편해!'처럼 상대방에게 속마음을 직접적으로 알려 준다.

행동으로 적극적으로 분출한다

분노를 드러내고 싶지만 말로 표현하기 어려워하는 사람들이 있다. 상대방을 화술로 이기지 못하고 이치도 제대로 설명하지 못하는 경우가 그렇다. 가끔 제대로 말을 해도 상대방이 듣지 않거나 못 들은 척하니 헛수고처럼 느껴진다.

분노를 표현하는 데 어려움이 있지만 그래도 분노를 드러내고자 할 때는 물건 던지기, 안색 바꾸기, 냉랭한 분위기 조성, 폭력 등 언어 이외의 것으로 분노를 드러낸다.

사람들은 폭력에 반대하지만 이성으로 제재할 수 없는 폭력도 있다. 관계에서 나타나는 일부 폭력 행위는 분노를 정상적으로 표현할 수 없을 때 나타나는 결과다. 그러니까 이는 그저 분노 표출의 방식일 뿐이다. 폭력을 억제하는 가장 효과적인 방법은 분노를 해결하는 것이다.

분노는 반드시 드러날 수밖에 없다

사람들이 분노를 억누르는 데는 한계가 있다. 감정 억압에는 이성이 작용하지만, 감정 표현에는 감성이 작용한다. 억압은 이성의 역량이고 표현은 감성의 역량이다. 몸 안에서 전혀 다른 힘이 움직인다는 말이다. 그런데 이성은 한계가 있고 감성은 무한하다. 따라서 분노를 억누르고 싶더라도 다음의 두 상황에서 이성은 무력화된다.

분노치가 너무 높으면 이성은 힘을 잃는다

분노치가 너무 높아지면 감성이 이성을 능가하고 분노가 주도적인 위치를 차지하면서 충동적인 행동을 저지를 수 있다. 고객에게 화를 참지 못했다가 일자리를 잃기도 하고, 자녀에게 화를 냈다가 자녀가 가출하기도 한다. 모두 순간적인 분노를 참지 못해 일어난 심각한 결과다. 사실 화를 참지 못하는 것은 지극히 정상이다. 사람의 이성은 상한선이 있고 끝없이 인내할 수 있는 사람은 없기 때문이다.

오랜 관계에서 이성은 힘을 잃는다

매일 함께하는 오랜 관계라면 갈등은 반드시 일어나기 마련이다. 그런데 감정을 항상 억누르기만 한다면 언젠가 이성을 다 소모하게 되는데, 이때 자신도 모르게 감성에 의해 움직인다. 이것이 바로 가까운 사람에게 쉽게 화를 내지만 다른 사람에게 친절한 이유 중 하나다. 사회적 관계 또는 단기적인 관계에 놓인 타인이 불쾌함을 줬다면 이성을 발휘해 감정을 통제하고 참을 수 있다. 하지만 친밀한 관계에서 오랜 시간 이성으로 자신을 통제하면 피로감이 쌓인다.

잘 분노하지 않는다고 말하는 사람이 있다면 그에게는 2가지 이유가 있다. 첫째, 그는 감정을 차단했다. 과도한 자극을 감당하기 어렵기 때문에 자신을 보호하기 위해 자신의 감정과 연결을 끊어 버렸다. 둘째, 장기적인 관계를 유지한 적이 없다. 이런 사람은 다른 사람과 오랜 시간 친밀하게 지낸 적이 없다. 따라서 거의 분노하지 않는 사람은 사실 매우 외로운 사람일 확률이 높다.

분노는
무언가 잘못됐다는 신호

아침에 일어나 뜨거운 아메리카노를 마시다가 그만 입을 데었다. 이때 느껴지는 통증은 나의 입술이 화상을 입었을 수도 있다고 경고한다. 그러면 얼른 찬물을 한 모금 마시고 통증을 완화한다. 아픔을 좋아하는 사람은 없지만, 이는 꼭 필요한 감각이다. 뜨거운 아메리카노를 마셨는데도 통증을 느끼지 못한다면 더 무섭지 않은가. 입술이 화상을 입어도 깨닫지 못하고 상처가 더 심각해져도 모를 수 있기 때문이다. 신체의 통증은 우리 몸에 문제가 생겼음을 알려주는 일종의 신호다.

분노 역시 신호다.

분노는 괴로운 감정이지만 우리의 마음 깊은 곳에 이상 증상이 나타났다고 알려 주므로 의미가 있다. 이때 분노를 억누르거나 표출하는 방법 말고도 그 순간의 분노에 대해 생각해 보는 방법도 있다.

나의 마음은 무엇을 겪었는가?
나의 삶 어디에 문제가 생겼는가?
분노는 나에게 어떤 정보를 알려 주는가?

우리가 어떤 행동을 해야 한다면 그 대상은 분노가 아니라 마음속의 진짜 문제다. 마음속부터 변화를 준다면 더 즐겁고 행복해질 수 있다. 분노가 자신을 더 이해하고 강하게 만드는 기회이자 출발점이 되는 것이다. 분노라는 신호가 전달하는 정보를 탐구하고 해석하여 마음속 진짜 문제를 해결하면 분노 신호도 '깜빡임'을 멈춘다. 그러면 분노라는 감정이 준 선물이 고마울 것이다. 분노에 대한 탐구는 다음 6가지 측면에서 전개할 수 있다.

- 분노 안의 심판
- 분노 안의 기대
- 분노 배후의 자기 요구
- 분노 안의 사랑
- 분노 안의 상처
- 분노 안의 욕구

이는 이 책의 핵심 내용이기도 하다. 분노를 탐구할 때의 장점은 명확하다. 분노 탐구는 자신을 이해하고 더 강하게 변화시키는 최고의 방법이다. 하지만 분노 탐구에도 한계가 있다. 아무 때나 분노를 탐구할 수 있는 것은 아니다. 우선 분노 탐구가 언제나 적절한 것은 아니다. 이따금 자신만의 세계에 빠지는 것보다 더 중요하고 먼저 처리해야 하는 일도 있다.

심리적으로 굳건할 때 분노에 대해 탐구해야 한다. 우리는 어느 순간 마음이 매우 취약해질 때가 있다. 그저 위로받고 보호받고 싶을 때는 많은 것들을 생각하고 싶지 않다. 분노를 탐구한다는 것은 마치 자신의 몸을 수술하듯 내 몸 안에서 또 다른 자아를 끌어내어 자신의 분노를 바라보는 것이다. 이는 쉬운 일이 아니다.

따라서 나는 분노가 지나간 후에 분노에 대해 탐구하라고 제안한다. 분노가 일어났을 때 이에 대한 탐구를 강행할 필요는 없다. 분노가 지나간 후 에너지와 여력, 관심이 있을 때 다시 상황을 복기하며 그 당시의 분노에 대해 조금 더 깊이 생각해도 충분하다.

이 분노는 어떤 정보를 알려 주는가?
이 정보를 어떻게 처리해야 할까?

분노는 사실 하나의 도구다. 게다가 아주 큰 에너지를 지닌 도구다. 이 에너지를 파괴력이라고 부르며 분노의 공격성과 파괴력이 너무 크다고 생각하는 사람도 있다. 사실 파괴력도 하나의 에너지다. 이를 잘못 사용하면 피해를 낳지만 제대로 활용하면 창조력으로 탈바꿈할 수 있다. 분노를 이용할 줄 알면 목적을 달성하는 데 많은 도움이 된다. 분노에 대한 내재적 탐구를 마친 후 분노를 이용하면 인격의 성장에도 도움이 될 수 있다. 사람은 분노를 통해 차츰 자신을 알아가고 분노할 필요가 없음을 깨닫는다.

분노의 필요성을 느끼지 못하는 것과 분노할 줄 모르는 것은 전혀 다르다. 분노의 필요성을 느끼지 못하는 것은 마음에 분노가 없기 때문이다. 반면 분노할 줄 모른다면 단순하게 분노를 억누르고 있는 경우가 많다.

분노를 삶의 에너지로 바꿨을 때

상대방을 변화시켜 만족감을 얻는다

업무를 게을리하는 직원에게 분노를 드러내 보자. 이때 당신의 분노는 직원이 문제를 인식하고 업무에 성실히 임하도록 유도하기 위해 꼭 필요한 경고다. 남편이 집안일을 소홀히 한다면 분노를 표현해서 남편의 주의를 불러일으키고 책임과 의무를 각인시킬 수 있다. 그런데 모든 분노가 상대방을 변화시킬 수 있는 것은 아니다. 폭탄이 무조건 다 산을 깎고 길을 허물지는 않는다. 분노의 에너지가 부족하면 상대방은 꿈쩍도 하지 않을 수 있다.

분노를 이용해 상대를 변화시키려면 대가를 치러야 한다고 생각하는 사람도 있다. 그렇다면 어떤 방법이 대가를 치르지 않고도 다른 사람을 바꿀 수 있을까? 다른 사람을 변화시킬 더 훌륭한 방법이 있다면 당연히 좋겠지만 그런 방법이 없다면 자신의 능력 안에서 분노를 이용해 보자. 분노가 다른 사람을 바꿀 유일한 방법은 아니지만 특별하고 효과적인 방법임은 분명하다.

경계를 지키고 상처를 피할 수 있다

당신을 비난하고 모욕감을 주는 사람이 있다면 그 사람에게 분노해야 한다. 당신이 분노하면 그 사람은 즉시 입을 닫고 존중해 줄 것이다. 친구가 자꾸 돈을 빌려 달라고 할 때도 분노할 수 있다. 그 친구는 자신의 행위가 불편함을 준다는 점을 알아야 한다. 개인의 경계도 국경과 마찬가지로 강력한 무기를 사용해 다른 사람의 침범을 막아야 한다. 물론 내재적인 에너지가 충분해서 굳건하고 안정적으로 경계를 지킬 수 있다면 부드러움과 결연함만 발휘하면 되지 분노를 이용해 경계를 지킬 필요는 없다. 하지만 내재적인 힘이 약하면 분노를 이용해야 한다.

관심과 사랑을 얻는다

남편이 휴대전화만 붙들고 있거나, 게임만 하거나, 야근을 핑계로 매일 집에 늦게 들어올 때 아내가 분노하면 남편은 수중의 일을 내려놓고 상대방에게 집중하려 한다. 친밀한 관계에서 화를 내지 않으면 상대방은 영원히 당신이 원하는 것을 모른다. 많은 부모가 순종적인 자녀를 바라지만 사실 그런 자녀는 부모에게 소홀한 대접을 받기 십상이다.

분노의 에너지가 창조력이 된다

분노의 에너지를 다른 분야로 옮기면 놀라운 창조력으로 승화된다. 운동은 분노를 표출하는 흔하고 쉬운 방법 가운데 하나다. 기분이 안 좋을 때 달리기를 하면 마음이 진정된다고 말하는 사람도 있다. 복싱, 달리기 등은 확실히 분노 감정을 해소하는 데 도움이 된다. 이와 같은 강도의 운동은 공격성을 완화할 수 있다. 요컨대 운동을 통해 분노 에너지를 신체 건강의 동력으로 삼을 수 있다.

도전할 수 있는 용기를 준다

사람은 분노하면 가끔 이성을 잃고 행동하기도 한다. 물건을 필요 이상으로 많이 사거나 고급 레스토랑에서 식사한다. 또 먼 곳으로 여행을 가거나 번지 점프를 시도하기도 한다. 평소 쉽사리 사지 못하고 하지 못했던 일들을 분노 상태에서는 과감히 행동한다. 그런데 새로운 일에 도전하는 것과 주의 전환을 통해 분노를 억누르는 것은 전혀 다르다. 분노의 에너지를 기분이 좋아지는 일로 옮기는 경우, 그 일을 하면서도 분노를 잊진 않는다. 분노를 이용해 새로운 창의적인 활동을 한다는 말이다. 하지만 분노 에너지를 집안일이나 회사 업무 등으로 돌려 분노를 잊고자 한다면 그것은 억압 행위이다.

과거의 패배를 설욕하고 긴 시간 갈고닦으며 전보다 분발하기 위해 분노가 밑받침이 된다. 거대한 향상심은 억울함, 모욕감, 미움 등의 감정에 기대어 형성된다. '패배를 인정할 수 없어'와 같이 쉽게 사라지지 않는 원한을 마음속에 품은 사람들은 다른 사람을 이기기 위해 남몰래 경쟁하며 자신의 공격성을 해소한다.

분노를 이용할 때는 전제가 있다. 바로 분노를 받아들이고 허락하는 것이다. 분노에 맞서지 말고 분노와 함께 일어서야 한다는 생각이 필요하다. 야생마를 다루듯 분노를 자신에게 도움이 되는 방향으로 끌고 가야 한다. 그리고 분노를 이용할 때 행동이 정상적인 방향과 멀어졌다면 바로 행동을 멈추거나 방향을 바꿔야 한다. 말을 길들이려면 적절한 방향으로 가면서 속도를 높여야 한다. 하지만 말이 갈피를 잡지 못하고 날뛰면 부상을 입을 수도 있다.

☑ 내 마음속 분노 살펴보기

1. 분노했던 그 순간을 다시 정리해 보세요. 자신의 감정을 어떻게 처리했나요? 그런 해결 방법을 어떻게 생각하나요?

2. 분노를 억누른 적이 있나요? 언제인가요? 억누른 이유는 무엇인가요? 그 방식의 장점과 단점은 무엇인가요?

3. 자신의 분노를 표출한 적이 있나요? 언제인가요? 왜 그랬나요? 어떤 방식으로 표현했나요? 그 방식의 장점과 단점은 무엇인가요?

4. 분노했던 경험을 기억해 보세요. 당신의 분노가 어떤 목적을 달성하는 데 도움이 되었나요? 자신의 분노를 이용해 어떤 일을 했나요? 그 분노를 다시 경험한다면 그 분노에 어떻게 대처할 건가요?

2장

라벨링에 따라
분노가 올라온다
:분노는 심판이다

나의 해석에 따라
감정이 결정된다

한 여성이 나에게 말했다. "우리 아이는 밥 먹을 때 입으로 들어 가는 밥은 겨우 반이고 나머지는 다 바닥에 흘려요."

이 아이의 어머니가 되어 보자. 내 아이가 이런 식으로 밥을 먹으면 어떤 생각이 들까? 어떤 기분이 들고 어떻게 반응할까? 아이의 행동을 어떻게 해석하겠는가?

100가지의 해석이 가능하다

아이의 행동은 여러 가지로 해석할 수 있다.

'음식을 낭비하고 있잖아! 엄마 화났어!', '먹고 싶은 것은 먹고, 안 먹고 싶은 것은 버리다니, 왜 멋대로 행동하는 거야! ', '널 위해서 힘들게 식사 준비를 했는데 함부로 흘리다니, 엄마의 가사 노동을 무시하는 거니?'라는 부정적인 해석을 하거나 혹은 '먹고 싶을 땐 먹고, 먹고 싶지 않을 때는 먹지 않고. 우리 아이는 주관이 참 확실하구나.', '먹으면서 버리다니. 얼마나 맛이 없으면 그럴까. 그런데도 참고 먹느라 고생했어. 엄마가 마음이 아프다!', '밥을 장난감처럼 가지고 놀다가 떨어뜨렸구나. 아이들은 뭘 줘도 잘 논다니까. 정말 재미있네!'라는 긍정적인 해석도 가능하다.

아이가 밥 먹는 행위에 대해 100가지도 넘는 해석이 가능한 것이다. 그리고 이를 어떻게 해석하는지에 따라 해석한 사람의 기분이 달라진다. 똑같이 화가 나더라도 그 이유가 다 다를 수 있다는 말이다. 아이가 그런 행동을 한 진짜 이유는 뭘까? 어떻게 이해하는 것이 맞을까?

위의 해석들은 모두 충분한 가능성이 있다. 하지만 당사자와 소통하고 진짜 상황을 알아보기 전까지는 다 추측일 뿐이다. 대다수 부모는 자녀의 이런 행동을 보면 자신만의 해석을 한 후 자신의 이해에 따라 반응한다. 대표적인 반응은 화를 내는 행동이다.

따라서 화가 나는 이유는 타인의 행동이 아니라 타인의 행위에 대한 나의 해석 때문이다. 이 해석의 과정이 바로 '라벨링labeling' 이다.

타인의 행위에 대한 나의 해석, 라벨링

다른 사람의 행동과 말은 모두 외부 자극이다. 이 외부 자극이 우리의 눈, 귀, 코, 피부 등 감각기관을 통해 유입되면서 우리에게 영향을 준다. 하지만 자극 자체가 분노를 일으키지는 않는다. 자극이 중추신경 계통을 통해 대뇌로 전달되고, 대뇌는 판단을 거쳐 타인의 행위를 정의한다. 대뇌가 이 이해의 과정을 거치면 타인에 대한 분노가 시작된다.

따라서 라벨링은 '명명命名', 혹은 '심판'이라고도 할 수 있다. 이 과정은 자신이 판단했는지 의식하지 못할 정도로 빠르게 진행되고, 우리는 그 판단에 따라 반응한다.

자녀가 학교에서 돌아오자마자 저녁 8시까지 텔레비전을 시청한다면 어떨까? 숙제할 생각은 없고 놀기만 하는 상황을 마주한 대뇌는 무슨 라벨을 붙일까? 어떤 부모는 '나태하다', '불성실하다', '학업을 게을리한다' 등의 라벨을 붙인다. 자녀에게 이런 종류의 라벨을 붙인 후 자녀의 행동이 너무하다는 생각이 들면서 분노 감정이 형성된다. 어떤 부모는 '여유를 즐긴다', '공부와 휴식의 균형을 맞춘다'와 같은 라벨을 붙인다. 이들은 자녀가 자기 관리를 잘하는 것 같아 기쁘다.

또 퇴근한 남편이 집안일에 관심 없고 아이와 함께 시간을 보내지도 않으며 소파에 누워 있다고 가정해 보자. 게다가 아내와 대화도 나누지 않고 휴대전화 게임만 한다. 그 상황을 목격했다면 어떤 라벨을 붙일 수 있을까? '가정에 관심 없다', '무책임하다', '나를 사랑하지 않는다'와 같은 라벨을 붙인 아내는 남편에게 분노한다. 한편 '남편이 무척 피곤하구나', '가정을 위해 남편이 고

생하는구나'와 같은 라벨을 붙인 아내는 남편의 고충을 이해하고
자 한다.

라벨링은 자신의 내재적인 경험과 이해에 따라 외재적인 사물
을 가공하는 과정이다. 이 과정이 그다음의 감정을 결정한다. 따
라서 분노에 대해 탐구하기 전에 먼저 라벨을 찾아야 한다. 그리
고 라벨에 대한 탐구는 '나는 분노할 때 타인을 어떻게 평가하는
가?'에 대한 답을 찾는 과정이다.

라벨은 사실이 아니다

어떤 사람들은 "남편이 가정에 관심이 없고 이기적이에요. 내
가 그렇게 생각하는 것이 아니라 그 사람은 원래 이기적이에요.
사실이에요. 모두 그가 이기적이라고 생각하거든요."라고 말한
다. 또 어떤 사람들은 "우리 아이가 숙제하는 모습을 보면 너무 답
답해요. 모두가 느끼는 사실이에요. 선생님도 그렇게 말씀하셨어
요."라고 말한다.

사실이란 뭘까? 사실은 객관적이고 관찰자가 달라져도 바뀌지
않는다. 돌 하나의 무게가 2킬로그램이라면 누가 재도 2킬로그램
이어야 한다. 그런데 다른 관찰자도 위의 남편이 이기적이고, 자
녀가 답답하다고 말할까? 남편 자신도 본인이 이기적이라고 생각
할까? 위 사례의 아이도 자신을 답답하다고 생각할까? 이들은 자

신을 그렇게 평가하지 않을 것이다. 이기적이고 답답하다는 것은 개인의 시각에서 본 라벨이다.

물론 절대적으로 객관적인 사실은 존재하지 않는다. '2킬로그램', '무겁다'라는 라벨은 인류가 생활의 편리를 위해 발명한 라벨이다. 지금 우리는 상대적으로 객관적인 사실에 대해 말하고 있다. 정말 '모두'가 배우자와 자녀에 대해 그렇게 생각할까? 기껏해야 주변 몇 사람의 시각일 뿐인데 이것이 객관적인 사실이 될 수 있을까?

누군가에게 내린 '이기적이다', '우둔하다', '믿을 수 없다', '냉정하다'와 같은 평가는 우리의 대뇌가 만들어낸 판단이지 객관적인 사실이 아니다. 그런데 우리는 그것이 개인적인 평가라는 것을 깨닫지 못하고 객관적인 사실이라고 오해한다.

우물 안 개구리에 대해 모두 알 것이다. 우물가로 날아온 새가 말했다. "만 리 밖에서 날아왔더니 목이 너무 말라." 그러자 개구리가 말했다. "거짓말! 하늘이 우물 입구만 한데 어떻게 만 리 밖에서 날아올 수 있겠어?" 우물 안의 개구리는 하늘의 크기를 우물 입구만 하다고 여긴다.

자신이 가진 인지의 틀 안에 갇힌 사람은 자기 생각만이 사실이라고 여긴다. 다른 사람이 설명해도 이들은 상대방이 사실을 부정한다고 생각하고 더욱 분노한다. 이들의 분노에 담긴 의미는 이렇다. '당신이 어떤 사람인지는 내가 결정해! 반드시 나에게 동의해야 해. 반박은 필요 없어!'

상대방에게 라벨링해 버리면

라벨링은 대개 다른 사람을 주의 깊게 관찰하지 않는 행위에서 이루어진다. 하지만 상대방에게 어떠한 라벨을 붙이면 그 사람의 진면목을 알아볼 동력을 상실하게 된다. 일단 라벨을 붙이면 우리는 라벨링했다는 사실을 망각하고 다른 탐색을 할 가능성을 포기한다. 자신이 이해한 바에 집착하면 그 사람의 진짜 모습을 볼 수 없다.

부모가 자녀에게 자주 '넌 너무 게을러! 너무 멍청해!'라고 말한다면 어떨까? 이런 라벨을 붙인 부모는 게으름과 멍청함에 분노하느라 자녀가 왜 그런지, 자녀에게 무슨 일이 있는 것은 아닌지 차분히 생각할 기회를 놓친다. 아내가 남편에게 "당신은 너무 무책임해요! 너무 무능하고 이기적이에요!"라고 일반화된 라벨을 붙이면 아내는 남편이 왜 그런지, 남편에게 무슨 일이 있는지 알아볼 흥미를 잃는다.

상대방의 행위를 명명할수록 그 사람의 진짜 모습을 보기 어렵다. 라벨이 상대방과 나 사이를 가로막는다. 라벨에 집착할수록 진실한 유대 관계를 형성하기 어렵다. 그러므로 긍정적인 라벨이든 부정적인 라벨이든 라벨링은 타인의 진정한 모습을 가린다.

사실 다른 사람에게 라벨을 붙여도 무방하다. 상대방이 라벨을 인정하면 분노할 일도 없다. 그런데 상대방이 나의 관점에 완전히 동의하기란 매우 어려운 일이다. 그리고 상대방이 자신의 행동에 내린 해석이 나와 다르면 분노가 일어난다.

따라서 누군가에게 분노하기 전에 생각해야 할 문제가 있다.

그 일이 일어났을 때 내가 붙인 라벨은 무엇인가?

상대방이 나에게 붙인 라벨은 무엇인가?

두 사람의 라벨이 다르면 어떻게 해결해야 할까?

분노를 해결하려면 서로 붙인 라벨이 다르다는 것을 인지하고 그 라벨의 차이를 해결해야 한다.

☑ 내 마음속 분노 살펴보기

1. 분노 경험을 기억하며 자신에게 물어보세요. 상대방의 행동이 어떤 행위라고 생각하나요? 상대방의 행위를 형용사로 표현할 수 있나요?

2. 다음의 문장에 가장 알맞다고 생각하는 단어를 넣어 완성해

보세요. 그리고 당신을 분노하게 한 사람이 앞에 서 있다고 생각하고 큰소리로 읽어 보세요.

당신은 _____! 내가 그렇게 정했어!

당신은 _____! 내 생각에 동의해야 해!

당신은 _____ 한/인 사람이야! 당신도 그렇게 생각해야 해!

3. 이 방법은 쓴 후 어떤 기분과 생각이 드나요?

4. 상대방이 당신이 붙인 라벨에 동의한다고 생각하나요? 동의하지 않는다면 상대방은 자신의 행동을 어떻게 설명할 것 같나요?

5. 두 사람 간의 라벨 차이를 어떻게 생각하나요?

설명하지 않으면
화가 난 이유를 모른다

 상대방과 말다툼을 할 때, 두 사람이 같은 문제를 두고 다툰다고 생각하지만 사실 다른 화제를 다루는 경우가 있다. 예를 들어 휴대전화 이야기를 할 때 한 사람은 색상이 중요하지만 다른 한 사람은 사양에 더 관심이 많다. 두 사람이 어떤 휴대전화가 좋은지 평가하는 것 같지만 근본적으로 다른 차원의 이야기를 나누고 있는 것이다. 문제는 둘 다 상대방의 이야기를 이해하지 못한다는 사실을 모르고 상대방이 협조하지 않는다며 화를 낸다.

 사실 라벨링보다 더 심각한 문제는 상대방에게 라벨을 붙여놓고 표현하지 않는 것이다. 그러면 상대방은 자신이 어떤 시선을 받는지 모른다. 마찬가지로 상대방 역시 라벨을 붙여놓고도 드러내지 않으면 두 사람은 상대방이 무엇을 중시하는지 알 수 없다.

다른 차원에서 이뤄지는 소통

한 여성이 말했다. "아침에 전날 먹다 남은 전을 먹으려고 했는데 별로 맛이 없었어요. 그래서 얼른 갓 구운 빵을 사 왔지요. 매일 힘들게 공부하는 아이에게 맛있는 음식을 먹이고 싶잖아요. 그런데 남편이 그걸 보고서는 '전이 아직 남았는데도 빵을 사 오다니, 남은 음식은 버리려고?'라며 화를 냈어요."

그녀가 이어서 말했다. "남편이 어떻게 그렇게 말할 수 있는지 저도 화가 났어요! 내가 얼마나 아이를 생각하는지 모르는 걸까요? 도대체 무슨 논리로 그렇게 말하는 건지! 맛없다고 바로 버리는 것도 아니잖아요?"

"그래서 어떻게 해결했나요?"

"화가 많이 났죠. 하지만 침착하게 '버리지 않을 거야, 전은 달걀 물을 입혀서 다시 부치면 돼.'"라고 말했어요.

이 여성은 자신의 분노 감정을 최대한 절제하고 남편과 침착하게 소통했다. 하지만 이런 소통 방식은 너무 소모적이고 큰 효과도 없다. 두 사람은 근본적으로 다른 화제를 이야기하고 있기 때문이다.

그녀는 남편의 행동에 '아이를 생각하는 나의 마음을 보지 않았다'라는 라벨을 붙였다. 그녀는 남편과 '나는 아이를 생각한다'라는 화제로 소통하고자 했다. 하지만 그녀의 남편은 그녀가 새 빵을 사는 행위에 '낭비'라는 라벨을 붙였다. 그는 '낭비하지 말자'

라는 말을 하고 싶었다.

이 여성이 빵을 사 오자 한 사람은 '아이를 생각하는 마음'에 대해, 다른 한 사람은 '낭비' 문제에 대해 말하고 있다. 두 사람은 근본적으로 다른 차원의 이야기를 하고 있었다.

인생은 참 슬프다. 내가 화를 내면 상대방은 두려워하면서도 내가 왜 화가 났는지 모른다. 상대방은 내가 화난 이유를 전혀 모르고, 슬프게도 나 역시 상대방이 모른다는 사실을 모른다.

내가 붙인 라벨을 드러내라

분노는 우리가 어떤 특성을 중시하는지 알려 준다. 상대방과 소통하려면 내가 붙인 라벨을 드러내야 한다.

> 이 일은 나에게 ○○를 대변해.
> ○○ 문제는 나에게 아주 중요해.
> ○○ 는 내 인생의 중요한 가치관이야.
> 내가 중요시하는 부분을 신경 써 주면 좋겠어.

앞의 사례에서 다음과 같이 대화를 나눈다면 어떨까?

남편이 빵을 샀다고 비난하자 아내는 이렇게 말한다. "빵을 샀다는 것은 내가 아이에게 신경 쓴다는 뜻이고, 아이를 생각한다는 것은 나에게 중요한 문제야. 내가 뭘 중요하게 생각하는지 알아

줬으면 좋겠어."

남편이 말한다. "난 음식을 다 먹지도 않고 새로 샀다는 문제에 중점을 뒀어. 그것은 낭비잖아. 낭비하지 않는 것은 내 인생에서 중요한 가치야. 내가 낭비 문제에 얼마나 민감한지 알아주면 좋겠어." 두 사람은 진정한 소통을 했다.

한 친구가 나에게 말했다. "아이가 스스로 주말 계획을 세웠어. 나는 아이를 존중하고 싶어서 하루 종일 간섭하지 않았지. 그런데 저녁 8시쯤 확인해 보니 놀기에 바빠 숙제를 다 하지 않았더라고. 내 믿음을 저버린 아이에게 너무 실망해 크게 화를 내버렸어!"

친구는 자녀의 행동에 '나의 믿음을 저버렸다'는 라벨을 붙였다. 반면 자녀는 엄마가 자신에게 어떤 라벨을 붙였는지 알까? 그저 숙제하지 않아서 엄마가 화가 났다는 것만 안다. '믿음을 저버려서' 화가 났다는 사실은 영원히 알지 못하고 그저 '엄마는 너무 가혹해'라고만 생각할 것이다.

분노 감정이 일 때 자신에게 몇 가지 질문을 해 보자.

- 나는 무엇을 중시하는가?
- 상대방은 내가 무엇을 중시하는지 아는가? 내가 중시하는 것을 상대방에게 알려 주었는가?

설명이 중요하다

무엇을 중요하게 생각하는지 알려 줘도 상대방이 간과할 수 있다. 상대방은 자신의 인지의 틀 안에서 그것이 왜 중요한지 이해할 수 없기 때문이다. 단순히 '중요하다'는 말로는 상대방을 이해시킬 수 없다. 이해하지 않으면 중시하지도 않는다.

그럴 땐 한 걸음 더 나아가 소통해야 한다. 소통이 단순한 일은 아니다. 소통은 말하기가 끝이 아니라 말하기, 듣기, 이해하기, 반응하기의 과정이다. 그런데 사람들은 굳이 에너지를 소모해 가며 어떻게 소통할지 고민하지 않는다. 그저 자신의 느낌대로 말할 뿐이다.

소통하는 과정에서 '설명'은 매우 중요한 요소다. 상대방에게 그것이 내게 왜 중요한지 설명해야 상대방이 나의 기분을 이해하고 배려해 줄 가능성이 생긴다.

한 남성이 내게 하소연했다. "저는 아버지와 일주일에 최소한 한 번씩 전화해요. 아버지에게 월요일 저녁 8시 30분에 전화드리겠다고 말했는데 아버지가 저녁 7시 30분에 저에게 전화를 하셨어요. 회사에서 회의 중이었던 저는 순간 화가 났어요. 그래서 곧장 사무실 밖으로 달려나가 왜 전화 드린다고 했는데 전화했냐고 소리를 질러 댔어요."

그는 아버지에게 '월요일 저녁 8시 30분에 전화하겠다'는 약속을 했다. 그는 '월요일 저녁 8시 30분'이라는 시간을 강조하고 싶었다. 하지만 아버지는 일부 정보를 생략했던 것 같다. 아버지에게 중점은 '시간'이 아니라 '전화'였을 것이다. 기껏해야 월요일 정도까지만 기억하고 구체적인 시간은 신경 쓰지 않았을지도 모른다.

아버지는 왜 8시 30분이 중요한지 이해하지 못했기 때문에 무의식적으로 약속한 시각을 기억에서 지웠다. 사람들은 다른 사람이 전달하는 정보를 들을 때 모든 내용을 완전하고 상세하게 받아들일 수 없다. 우리는 자신이 듣고 싶은 정보를 기억하고 중요하지 않다고 생각하는 정보는 생략할 때가 많다.

상대방에게 라벨을 알려 줄 때 그 문제가 왜 중요한지 설명하고 강조해서 이해시켜야 한다. 그래야 상대방도 같은 문제를 중시한다. 분노를 해결하는 방식 중 하나는 상대방에게 가장 중요한 것이 무엇인지, 그리고 그것이 왜 중요한지 알려 주는 것이다.

☑ **〈내 마음속 분노 살펴보기〉**

1. 당신을 분노하게 한 라벨를 찾아보세요.

2. 다음의 문장을 만들고 큰소리로 읽어 보세요.

   _____ (라벨)은/는 나에게 아주 중요해! 이 점을 중시해 줘!

3. 문장을 읽고 난 후 어떤 기분과 생각이 드나요?

4. 다른 사람에게 그 라벨을 중시한다고 표현한 적 있나요?
   어떻게 말했나요? 상대방이 이를 받아들였나요?

5. 당신이 중요시하는 부분을 상대방에게 이해시키기 위해 말할 기회가 있다면 어떻게 표현할 건가요?

6. 당신이 중시하는 것을 상대방에게 협조해 달라고 요청하는 것 외에 또 무엇을 할 수 있나요?

7. 자신에게 중요한 부분을 위해 노력한 자신을 어떻게 칭찬할 건가요?

구체적으로 표현하면
오해가 사라진다

라벨을 제거하려면 먼저 라벨이 발생하는 과정을 알아야 한다. 라벨링은 점에서 면으로 가는 논리를 이용하여 표현을 고도로 요약한다. 우리가 본 상대방의 행동은 그 시각, 그 순간에 속하는 하나의 점이다. 하지만 우리는 마치 그 사람이 언제나 그런 사람인 것처럼 인격을 표현하는 한 단어로 상대의 행동을 요약한다. 이것은 면이다.

인격은 안정성을 지닌다. 우리가 누군가를 '이기적이다, 계산적이다, 소극적이다, 냉정하다, 포악하다' 등으로 생각할 때 우리의 잠재의식은 2가지 정보를 느끼고 내보낸다.

- 당신은 언제나 이런 사람이었다. 예전에도, 지금도, 앞으로도 그렇다.
- 당신은 모든 영역에서 이런 사람이다.

점에서 면으로 가는 라벨링

지금 배우자가 청소를 하지 않는다. 이는 '집안일을 잘 하지 않는다'는 면에 속하는 하나의 점이다. 그런데 집안일을 잘 하지 않는다는 '이기적이다'라는 면의 점이다. 지금 청소를 하지 않았다는 점으로 '이기적이다'라는 면까지 이르렀다.

수학적으로 면을 확정하려면 최소한 동일 직선에 있지 않은 세 점이 필요하다. 마찬가지로 사람이 어떠한 인격적 특징을 지녔는지를 확정하려면 다른 영역의 증거를 수집해서 평가해야 한다. 인격을 나타내는 어휘를 이용해 타인을 평가한다는 것은 부족한 증거를 가지고 그 사람의 일생을 정의하는 것과 같다.

술을 마시고 귀가했는데 배우자가 '당신은 이기적인 사람'이라는 라벨을 붙였다면 기분이 어떨까? 또 립스틱 하나 샀는데 배우자가 '낭비벽이 심하다'라는 라벨을 붙인다면 어떤 기분일까? 이런 공격은 강도가 매우 세고 불공평한 처사다.

분노를 해소하는 방법 2가지

분노를 해소하려면 이성理性을 이용해 요약, 라벨링, 점을 면으로 확장하는 행동을 멈춰야 한다.

1. 구분하기

이를 위한 첫 번째 단계는 '구분하기'다. 라벨은 그저 하나의 인지일 뿐 사실을 대변하지 않는다는 점을 알아야 한다. 구분하기에 도움이 될 2가지 비결이 있다.

• A라는 라벨을 붙였다면 –A 면을 찾아서 A가 아님을 증명한다

인격은 평면이 아닌 입체적으로 존재한다. 수많은 A와 –A의 결합체인 사람은 적극적이면서도 소극적이고, 선량하면서도 사악하며, 부지런하면서도 게으르다. 상대방이 어떤 사람인지 증거를 찾고자 하면 얼마든지 찾을 수 있다. 예를 들어 배우자에게 '이기적이다'라는 라벨을 붙였다. 하지만 이기적이지 않은 경우를 최소 3가지는 찾을 수 있으며, 그것으로 그가 절대적으로 이기적인 사람이 아님을 증명할 수 있다. 자녀에게 '우둔하다'라는 라벨을 붙여도 어리석지 않다는 증거를 3개 이상 찾을 수 있다. 스스로 '나는 열등감에 빠져 있어'라고 생각해도 다른 선상에 있는 '나는 자신감이 넘쳐'라는 점을 최소 3개 이상 찾을 수 있다.

그러므로 점 3개로 상대방의 A면을 확정한다고 해도 그가 –A면을 확립할 또 다른 점 3개를 갖는 데 영향을 주지 않는다. 그리고 상대방에게 A와 –A가 모두 있다는 점을 알고 나면, '그는 A다'에 대한 집착과 분노도 어느 정도 줄어든다.

• 점이 속한 다른 면을 찾는다

공간에서의 한 점은 여러 평면에 존재할 수 있다. 현재 당신을 분노하게 한 그 점이 어느 평면에 있는지 찾아보자.

지금 당신의 배우자는 집안일을 하지 않았다. 그것이 점이고, 당신은 습관적으로 그가 '이기적'이라는 면을 확립했다. 그런데 그 점은 배우자가 이기적이라는 것을 설명할 뿐 아니라 자신에게 반드시 집 안을 깨끗하게 유지해야 한다며 강요하지 않는다는 것도 설명한다. 이들은 모두 서로 다른 평면이다.

자녀가 항상 똑같은 잘못을 저지를지도 모른다. 그렇다면 먼저 그 점이 '똑똑하지 않다'는 평면에 있다고 생각할 수 있다. 하지만 동시에 그 점이 끈기, 집착 등의 평면에 있다는 것도 보게 된다.

점이 여러 개의 다양한 평면에 동시에 존재하는데 자신이 발견한 그 면이 유일하다고 판단할 수 있는가?

2. 표현의 구체화

두 번째 단계는 표현의 '구체화'다. 다른 사람에게 일반화된 라벨을 붙이지 않고 최대한 사실을 서술한다. 구체화는 반反라벨링의 과정이다. 예를 들어 자녀가 문제를 풀다 틀렸다. 이때 어떻게 표현할까?

구체화된 표현: 네가 푼 문제의 답이 정답과 조금 달라.

상대적으로 구체적인 표현: 이 문제를 틀렸어.

일반화된 표현: 이 문제도 못 풀다니, 넌 너무 멍청해!

남편이 퇴근 후 술 모임으로 늦게 귀가했다.

구체화된 표현: 오늘 귀가 시간이 약속 시각보다 1시간 늦어요.
상대적으로 구체적인 표현: 오늘 늦게 돌아왔네요.
일반화된 표현: 나를 이해할 생각은 전혀 하지 않고 놀 생각만 하다니,
너무 이기적이에요!

두 상황에서 3가지 표현의 차이를 느껴보자. 어떤 생각이 드는
가? 쉬운 소통이라는 관점에서 보면 구체화한 표현일수록 사실
에 근접하고 일반화된 표현일수록 사실과 멀어진다. 사실을 묘사
할수록 쉽게 소통할 수 있고, 일반화된 라벨을 붙일수록 상대방의
저항 심리를 촉발해서 소통이 어렵다. 아이에게 "네가 푼 문제의
답이 정답과 조금 다르다"고 말하면 대화를 계속 이어 나갈 수 있
다. 하지만 "왜 이리 멍청하니?"라고 말한다면 소통이 끊어진다.
　분노의 정도 측면에서 보면, 구체화한 표현일수록 분노가 적고
일반화된 표현일수록 분노가 커진다. 상대방이 받는 상처를 고려
하면, 일반화되고 과장된 라벨일수록 더 큰 상처를 주고 구체적인
표현일수록 상처를 주지 않는다.
　또한 라벨링은 통제가 가능하다. 라벨링은 이미 습득한 지식으
로 사물과 타인, 나아가 이 세상을 이해하는 행위다. 바꾸어 말하

면, 라벨링은 이미 알고 있는 지식을 통해 미지의 것을 이해하는 과정이다. 이미 알고 있다면 상대적으로 통제가 가능하다. 따라서 라벨링은 통제력을 부여한다.

회사에 첫 입사를 하게 되면 업무 환경이나 동료가 낯설다. 이때 느끼는 불안은 통제력을 상실했을 때와 비슷한 느낌이다. 이때 통제력을 상실한 기분을 회피하기 위해 미지의 동료들에게 '온화하다' 또는 '거칠고 급하다' 등 라벨을 붙인다. 라벨이 생기면 새로운 환경과 낯선 타인이 내가 아는 사람이 되고 통제할 수 있게 된다.

또 화를 자주 내는 남편을 예로 들어 보자. 남편이 언제 화를 내는지, 왜 화를 내는지 알 수 없다면 그 미지의 느낌 때문에 행동을 조심하고 불안한 마음으로 생활하니 통제가 어렵고 괴롭다. 그럼 어떻게 할까? 남편에게 '성미가 급하다', '정서가 불안정하다', '신경질적이다'와 같은 라벨을 붙였더니 남편이 왜 화를 내는지 이해할 수 있을 것만 같다. 신경질적인 사람은 수시로 화를 내도 일상적으로 보이기 때문이다.

그런데 상대방과 양질의 소통과 관계를 원한다면 통제가 어려운 상황을 마주해야 한다. 막막하고, 답답하고, 어떻게 표현해야 할지 모를 것 같은 기분이 들겠지만 인내심과 호기심으로 상대방을 이해하고 나와 상대방이 함께 인식하는 라벨을 찾아야 한다.

☑ 내 마음속 분노 살펴보기

1. 분노했을 때 상대방에 관한 판단과 라벨을 찾아보세요. 그가 어떤 사람이라고 생각하나요?

2. 그의 -A면을 증명할 증거 3가지를 찾아 그가 A가 아니라고 증명해 보세요.

3. 현재 그가 한 일을 근거로 A 외의 또 다른 세 평면도 찾아보세요. 즉, 요약할 수 있는 또 다른 라벨 3개를 찾아 현재 그가 한 일을 설명해 보세요.

4. 두 관점에서 라벨을 관찰하면 어떤 생각이 드나요?

5. 구체화한 서술 방식을 시도해 보세요. 지금 일어난 일을 판단 없이 설명해 보세요. 그런 후에 상대방과 소통하며 다른 효과가 나타나는지 알아보세요.

당신이 틀렸기 때문에
나는 분노한다

한 사람의 행동을 판단하고 그 행동에 라벨을 붙일 때 우리의 마음도 그 라벨을 판단한다.

'너의 그 모습은 장점이야, 또는 단점이야.'
'그것은 잘한 행동이야, 또는 잘못된 행동이야.'
'아주 훌륭했어, 또는 수준 낮은 행동이었어.'
'당연히 그렇게 해야지, 또는 그래서는 안 되지.'

우리는 물건을 수납할 때 물품을 분류해서 상자에 보관하거나 서랍에 넣는다. 우리의 대뇌도 이처럼 자신의 가치 체계에 따라 상대방의 행위를 분류한다. 그런 후에 상대방의 행위에 '이기적이다', '진취적이다', '선량하다', '사악하다' 등의 라벨을 붙이고 이

들을 '좋음' 또는 '나쁨'이라는 저장 상자 안에 넣는다.

분노는 일종의 부정

분노 감정이 올라올 때 가장 직관적으로 하고 싶은 말은 다음과
같다.

> '넌 틀렸어!'
> '그렇게 행동하면 안 돼!'
> '이런 엉망진창인 행동을 하다니!'
> '저질이야!'

이 과정을 '부정否定'이라고 한다. 타인에게 라벨을 붙이는 것 자
체로는 분노를 일으키지 않는다. 그 라벨에 부정적인 느낌 또는
거부감이 생겨야 분노 감정이 형성된다.

그의 잘못된 행동을 보면 화가 나는가? 그렇다. 하지만 그것보
다 더 화를 돋우는 것은 자신의 잘못을 인정하지 않거나 동의하지
않는 상대방의 태도다. 그러면 새로운 충동이 일어나고 더 화가
나면서 그가 잘못을 인정하도록 하고 싶다. 따라서 분노는 이렇게
말한다.
"그것은 당신의 잘못이고, 반드시 내 생각에 동의해야 해!"

이기적이거나 진취적이지 못한 행동, 또는 나태함 등은 당연히 지양해야 하는 행동이라고 생각하지만 이런 행동도 필요하거나 좋은 행동일 때도 있다. 무엇 때문에 이 라벨이 본질적으로 잘못된 것이라고 말할 수 있는가? 단지 당신이 틀렸다고 생각하면 그것들이 정말 틀린 걸까?

이기주의는 틀렸을까?

이기주의를 예로 들어 보자. 나는 왜 이기주의가 잘못된 것인지 잘 모르겠다. 나는 이기적인 사람이 이기적이지 못한 사람보다 훨씬 기분 좋게 산다고 생각한다. 이기적인 사람은 그렇지 않은 사람보다 더 오래 산다. 이기주의가 잘못이라면, 억누르고 사는 사람보다 기분 좋게 사는 사람이 틀렸고, 오래 사는 사람이 틀렸다는 논리로 바꾸어야 한다. 하지만 이기적이면 미움받는다. 심지어 비난과 질책을 피하기 어렵다. 삶의 유쾌함이라는 관점에서 보면 이기주의는 좋은 것이고 맞다. 하지만 타인과의 관계를 생각하면 이기주의는 유해하고 틀렸다.

사람들은 왜 이기적일까? 이기적인 순간 더 많은 이익을 얻기 때문이다. 지나치게 욕심이 없고 관대하며 양보만 한다면 손실을 본다. 하지만 장기적으로 보면 꼭 그런 것은 아니다. 이기적일 때 입는 손실이 더 클 수 있다. 순간의 이익을 포기하면 이것이 밑천이 되어 장기적인 균형을 얻고 이익을 실현할 수도 있다. 따라서 눈앞의 이익만 고려하면 이기적이어야 한다. 하지만 장기적인 이익을 고려하면 이기주의는 틀렸다.

부모들은 자녀에게 "밖에서 너무 착하게 굴지 말고 욕심을 부려야 해. 그래야 자신을 보호할 수 있어."라고 훈육한다. 한편 "밖에서 너무 이기적으로 굴지 마. 그래야 친구를 잘 사귈 수 있어."라고 가르치는 부모도 있다. 누가 맞고 누가 틀렸을까? 자신이 틀렸다고 명확히 아는 부모라면 자녀에게 그렇게 가르쳤을까?

자신을 보호한다는 측면에서 보면 이기적이어야 한다. 친구를 사귄다는 관점에서 보면 이기적이면 안 된다. 두 부류의 부모는 그저 각자의 관점을 가지고 있을 뿐이다. 그러므로 어떤 관점에서 보면 이기주의는 틀렸다. 하지만 다른 관점에서 보면 이기적이어야 한다. 어느 입장에 서 있느냐에 따라 이기주의에 대한 인식이 달라진다.

옳고 그름은 존재하지만 절대적이지 않다

세상에 옳고 그름의 구분이 있을까? 있다. 하지만 옳고 그름을 논의하기 전에 관찰자와 기준이라는 두 요소를 명확히 해야 한다.

옳고 그름은 존재한다. 그런데 누가 그 기준을 정했는지에 따라 옳고 그름이 정해진다. 나의 관점으로 보면 그는 틀렸다. 하지만 그의 관점에서 보면 그것은 맞다. 관점이 다르면 기준도 다르고 결론도 달라진다.

사실 '객관적'으로 누가 옳은지 그른지는 존재하지 않는다. 옳은 것과 그른 것과 같은 이분법적 대립뿐 아니라 모든 판단은 기준이 있어야 한다. 높음과 낮음, 뚱뚱함과 마름, 부유함과 빈곤함, 위와 아래, 똑똑함과 멍청함처럼 사물을 형용하는 단어는 기준이 있어야 존재할 수 있다.

누군가를 멍청하다고 표현할 때 멍청하지 않음에 대한 관점과 기준이 있어야 그 결론을 내릴 수 있다. 즉, 누군가를 멍청하다고 칭할 때 누구보다 멍청한지 비교 대상이 있어야 한다. 기준이 낮으면 그는 똑똑한 사람이 된다. 다만 평소 표현의 편리함을 위해서 무의식적으로 기준을 간과할 뿐이다.

☑ 내 마음속 분노 살펴보기

1. 상대방에 대한 평가나 상대방에게 붙였던 라벨을 떠올려 보세요. 그런 후에 다음의 문장을 완성하여 낭독한 후 어떤 기분이 드는지 생각해 보세요.

너는 _____ 을/를 잘못했어! 내 말이 맞아!
너는 _____ 을/를 하면 안 되지! 반드시 나에게 동의해야 해!

2. 어떤 관점을 기준으로 그 사람이 틀렸다고 판단했나요?

3. 다음의 문장을 완성하고 낭독한 후에 어떤 기분이 드나요?

   나의 _____ 의 관점에서 보면 당신은 틀렸어!

4. 상대방은 어떤 관점에서 자신이 맞다고 생각한 걸까요? 위의 절차대로 문장을 완성해 보세요. 어떤 느낌이 드나요?

분노를 정당화하기 위한
전면 부정

마음속에 분노라는 감정이 생기면 화도 나지만 슬픔도 느껴진다. 마치 '나는 정말 비참해.'라는 마음의 소리가 들리는 것 같다.

분노하는 사람은 공격성이 강한 사람으로 보인다. 상대를 공격하고 학대하며 상대에게 변하라고 압박하는 것 같다. 하지만 속으로 '나는 피해자'라는 생각을 버리지 못한다. 그뿐만 아니라 '나는 상처받았어', '나는 불쌍해', '너무 억울해', '정말 비참해', '운이 나빠', '불행해'라고 생각한다. 배우자에게 화가 나면 '난 왜 이리 재수가 없을까! 애초에 당신 같은 사람을 좋아하다니 내 눈이 어떻게 된 거지!'라고 생각한다. 자녀에게 분노할 때면 '나는 왜 이리 불행할까! 전생에 무슨 죄를 지었길래 지금 이런 아이를 키우는 걸까!'라고 생각한다.

사람은 분노하면 쉽게 비참함을 느낀다. 분노한 사람들은 자신이 분노할 이유를 계속 찾아서 더해가며 분노의 효과를 높인다. '비참함'은 분노를 위한 강력한 촉진제다.

분노의 강력한 촉진제, 비참함

비참함을 더 경험하기 위해서 사람들은 전면 부정이라는 또 다른 무기를 사용한다. 분노했던 경험을 떠올려 보자.

'넌 조금도 전혀', '너는 지금껏 내내', '너는 매번 항상', '너는 언제나', '너는 아예', '넌 정말'과 같은 단어를 사용하지 않는가.

전면 부정은 과장한 표현을 사용한 일반화다. 전면 부정을 이용한 표현법은 상대를 어떤 일도 제대로 못 하는 사람, 그 순간 그 일을 완료하지 못한 사람, 나아가 언제나 제대로 해내지 못하는 사람으로 정의한다. 지금까지 항상 잘 해냈던 일도 지금, 이 순간 잘 해내지 못하면 '제대로 못 하는 사람'이 되어 버린다.

부정적인 라벨을 붙이는 행위는 점에서 면으로 나아가 인격을 부정한다. 한 가지 일을 제대로 하지 못했다고 해서 인격까지 부정한다. 전면 부정은 이보다 더해서 상대방이 매 순간 나쁜 인격을 보여 준다고 여긴다. 평면이 입체가 되고, 2차원이 3차원이 되어 버리는 것이다.

얼마나 화가 났는지를 강조하는 '전면 부정'

한 여성이 말했다. "남편이 오늘은 퇴근 후에 자기가 저녁 식사를 준비하겠다고 하더라고요. 그런데 갑자기 회사 동료와 회식을 하기로 했으니 알아서 먹으라는 거예요."

이 여성은 남편에게 '약속을 지키지 않았다'라는 라벨을 붙였다. 단순히 남편이 약속을 지키지 않는다고 생각하면 그것은 라벨링이고 분노의 1급 촉진제다. 이어서 분노는 2급 촉진제를 연소시키는데 '약속을 지키지 않는 것은 잘못된 행동이야!'라며 남편의 행위를 부정한다. 이때 분노 감정이 끓어오르기 시작한다. 분노의 불이 더 활활 타오르면 어떻게 될까? 그다음은 3급 촉진제인 전면 부정이 시작된다.

"당신은 지금껏 약속을 지키지 않았어!"
"당신은 조금도 신용이 없잖아!"
"당신은 매번 한 입으로 두말하지!"
"당신은 언제나 내 기분에 관심이 없어!"

한 학생이 이런 하소연을 했다. "저의 어머니는 항상 제게 '넌 지금껏 방 청소를 한 번도 하지 않았어.'라고 말씀하셔서 억울해요. 어떻게 청소를 한 번도 하지 않을 수가 있겠어요. 어머니는 지저분한 방을 몇 번 본 게 다인걸요. 어머니는 왜 제가 잘한 부분은 보지 못할까요?"

나는 그 학생에게 말했다. "어머니가 정말 모든 경험을 종합해서 엄격한 논리적 추리를 하고, 이성적으로 '지금껏 하지 않았다'는 결론을 도출했다고 생각하나요? 어머니는 그 순간 그 문제가 아주 중요하다고 말하고 싶었던 것뿐이에요. 그저 분노의 정도를 강조하고 싶었던 거죠."

같은 이치로, 세상의 모든 어머니들의 공통된 어록인 "너는 왜 매번 그렇게 미련하게 행동하니?", "너는 왜 제대로 하는 게 아무것도 없니?"와 같은 말도 사실이 아니라 심각성과 자신의 분노를 강조하는 표현이다. 배우자 사이에서도 이런 반문이 자주 오간다.

"설마 나에게 장점이 하나도 없다고?"
"설마 내가 잘한 것이 하나도 없다는 말이야?"

이런 식의 반문이 오가면 표면적 의미에 빠져서 상대방이 분노의 정도를 강조하고 있다는 사실을 깨닫지 못한다. 무섭고 모질게 말하는 이유는 그 일이 자신에게 얼마나 중요한지, 얼마나 상처받았는지 강조하기 위해서일 뿐이다.

'언제나' '전혀' 등 과장된 어휘는 금물

전면 부정은 상대방에게 큰 타격을 입히고 두 사람의 관계에 균

열을 일으킨다. 전면 부정을 당한 사람은 막대한 패배감과 오해를 경험한다. 상대방은 분명 작은 실수를 했지만, 나의 전면 부정을 통해 큰 잘못을 한 사람이 되어 버리고 만다. 그러면 상대방은 자신의 장점은 다 묻히고 오해만 남았다고 생각하게 된다.

건설적인 관계를 바란다면 과장된 어휘는 되도록 사용하지 않아야 한다. 분노했을 때 이성의 통합 능력을 발휘하는 것, 그것이 성장이다. 하지만 이는 그리 쉬운 일이 아니다. 우리의 잠재의식이 전면 부정을 선택하는 이유는 큰 장점이 있기 때문이다.

첫째, 기분이 좋다. 과장해서 표현해야 마음속 원망을 속 시원하게 털어놓을 수 있다. 상대방이 잘한 점이 하나도 없다고 표현해야 내가 더 비참해진다. 내가 비참함을 느낄수록 상대방은 나쁜 사람으로 보인다. 그래서 사람들은 머릿속에서 문제를 끝없이 가공하고 일반화하여 상대방을 완전히 나쁜 사람으로 몰아간다. 그래야 자신의 분노가 떳떳해진다.

둘째, 상대방의 주목을 받을 수 있다. 작은 실수는 상대방의 관심을 끌기에 부족하다. 큰 잘못으로 포장해야 상대방의 주목을 받을 수 있다.

셋째, 자신을 보호한다. '당신은 지금까지 나를 사랑하지 않았고, 언제나 이렇게 이기적이었어.'

이 얼마나 절망적인 경험인가. 빨리 절망하면 뭐가 좋을까? 상대방에게서 멀어지기로 결정해서 자신을 보호할 수 있다. 누구나 상대방이 아주 나쁘다고 느끼면 그 사람을 떠나고 싶은 충동이 일어난다. 하지만 그렇다고 해도 참고 소통해야 한다. 그것은 조화로운 관계를 유지하기 위한 대가이다. 그러므로 상대방의 관심을 끌어내고 싶다면 전면 부정이 아닌 새로운 방법을 찾아야 한다.

만약 상대방이 전면 부정하는 어휘를 이용한다면, 그는 자신의 마음속 분노가 얼마나 큰지 강조하고 싶을 뿐 객관적 사실을 설명하는 것이 아님을 알아야 한다.

선택적 주의의 위험

'매번 항상', '지금껏 전혀' 등과 같은 전면 부정의 의미가 담긴 어휘를 사용하는 행동은 낮은 수준의 전면 부정이다. 이보다 더 심각한 전면 부정은 상대방이 잘못했을 때는 표현하고, 잘했을 때는 침묵하는 것이다. 상대방의 행동을 의식하지 못했을 수도 있지만, 의식했더라도 칭찬하고 싶지 않았을 수도 있다. 하지만 상대방이 잘못된 행동을 하면 바로 알아차리고 마치 보물이라도 발견한 것처럼 흥분해서 즉시 지적한다.

이런 현상을 '선택적 주의selective attention'라고 부른다. 무의식중에 상대방의 잘못에만 관심을 가지고 상대방이 잘한 부분은 자동으로 간과하는 현상이다. 잘한 일은 말할 필요가 없고, 잘못한 일은 말해야 한다고 생각한다. 이런 선택적 주의의 결과로 상대방은 부정적인 표현만 듣고 칭찬은 들을 수 없다. 이때 상대방은 '무엇을 해도 이 사람을 만족시킬 수 없다'라고 생각하게 된다. 그 사람은 전면 부정당한 것이다.

자신은 상대방의 좋은 점도 칭찬하고 '훌륭해'라고 말해 준다고 여기는 사람들이 있다. 그렇다면 어느 부분이 훌륭한지 구체적으로 표현했는가, 아니면 개괄적인 어휘를 사용했는가? 부정적인 표현을 할 때와 구체적인 정도가 비슷한가? 칭찬과 부정의 감정 농도가 같은가?

소통에 관한 강연에서 타인을 인정하는 방법에 대해 지도한 적이 있었다. 그때 한 여성이 말했다. "저는 남편에게 고마움을 표현하거나 인정해 줄 때 어색해요. 문자 메시지로는 칭찬해 주기도 하지만 얼굴을 보면 말이 선뜻 나오지 않아요. 그런데 남편을 책망할 때는 말이 술술 나오는 것 같아요."

이 여성은 전면 부정에 익숙하다. 이런 전면 부정은 아마도 태어나고 자라난 가정환경과 연관이 있을 것이다. 어렸을 때 무슨 일을 하더라도 불만이 있는 부모를 만났고, 성장 과정에서 부모의 방식을 복제하여 성인이 된 후 배우자와 자녀 등 가까운 사람에게 똑같이 행동한다. 부모의 방식을 복제하는 것은 무의식적으로 부모에게 충성을 표현하는 중요한 방식이다.

왜 충성하는 걸까? 무엇보다 어렸을 때부터 가장 많이 접한 훈육 방식이 비판이다. 아무도 다른 사람을 칭찬하는 방법을 가르쳐 주지 않았고, 언제나 비판의 어조를 들었다. 또 다음 장에서 이야기할 부모와 자녀가 친밀해지는 방식인 감정의 일치가 충성도와 관련 있다.

맹목적으로 칭찬하라는 것이 아니다. 다만 상대방의 부족한 점 뿐 아니라 잘한 부분 역시 섬세하게 표현하자는 것이다. 칭찬과 부정을 다 잘 표현하면 조화로운 관계를 유지하는 데 도움이 된다.

☑ 내 마음속 분노 살펴보기

1. 당신의 라벨을 근거로 다음 문장을 완성하고 큰소리로 읽어 보세요. 어떤 느낌이 드나요?

   당신은 너무 _____!
   당신은 지금껏 _____!
   당신은 전혀 _____ 하지 못해!

2. 그가 그렇게 하지 않은 세 번의 순간을 찾아보세요. 그 순간을 찾았을 때 어떤 기분이 들었나요? 심경에 변화가 생겼나요?

3. 당신을 분노하게 한 대상을 관찰해 보세요. 그를 칭찬한 적이 있나요? 칭찬할 때와 부정할 때의 감정의 농도는 어떻게 다른가요?

'나의 규칙이 진리'라는 데서
비롯된 분노

　분노할 때 단순하게 "당신이 틀렸어!", "그렇게 하면 안 돼!"라
고 말하면 상대는 근거 없이 트집을 잡는다고 생각한다. 심지어
본인도 강한 무력감을 느낄 수 있다. 상대방이 틀렸다는 생각은
그저 개인의 관점일 뿐 분노의 타당한 근거가 될 수 없다.
　사람들이 당당하게 분노하는 이유는 잠재의식 안에서 자신의
분노가 떳떳한 근거를 찾았기 때문이다. 근거가 있다면 무한한 자
신감과 힘이 생기듯 마음의 에너지가 강해진다.

　분노에도 근거가 있다. 그 근거는 마음속 깊은 곳에 자리한 규
칙이다. 잘못은 규칙에서 비롯된다. 규칙이 있어야 잘잘못을 가릴
수 있다.

규칙은 라벨을 부정적으로 단정할 때 필요한 이론적 근거다. 예를 들어 '이기적'이라는 라벨을 붙인 후 '이기적인 당신은 잘못됐다'라고 심판하려 한다. 이렇게 판단하기 위해서는 이론적 근거가 필요하다. '나'라는 판사는 공정하며, 직권을 남용하는 사람이 아니다. 타인을 심판할 때의 근거가 되는 법칙은 '사람은 이기적이어서는 안 된다'이다.

우리가 평소 자주 듣는 '사람은 어떠해야 한다', '부부는 어떠해야 한다', '친구 사이는 어떠해야 한다' 등의 말들도 모두 사람들의 마음 깊은 곳에 있는 규칙이다.

한 남성이 나에게 분노했던 경험을 공유했다. "심한 감기에 걸려서 기침했더니 사장님이 '기침 몇 번 한다고 쉴 생각 하지 말아!'라고 하더라고요. 몹시 화가 났죠!"

그와 대화를 나눈 결과 그는 상사에게 '나에게 관심이 없다'라는 라벨을 붙였다. 그리고 '나에게 관심을 주지 않는 것은 잘못됐다'라며 상사를 부정했다. 그의 마음 더 깊은 곳에 '상사는 자신의 직원에게 관심을 가져야 한다'라는 규칙이 있다는 의미다.

이는 매우 구체화한 규칙이다. 나는 더 심오한 규칙이 그의 이 구체적인 규칙을 이끌리라 생각하고 그에게 물었다. "상사는 왜 직원에게 관심을 가져야 하죠?"

그가 말했다. "상사는 강자니까요."

우리는 규칙을 탐색하여 그의 잠재의식 안에 더 깊이 자리한 '강자는 약자에게 관심을 가져야 한다'라는 규칙을 찾아냈다.

이 규칙을 바탕으로 '관리자'이자 '건강한 사람'이라는 이중 강자인 상사와 '피관리자'이자 '아픈 사람'이라는 이중 약자인 그가 대립했고, 그의 분노는 더 강렬해졌다. 다음 두 말의 위력을 느껴 보자.

"당신은 나에게 관심을 가져야 해!"
"강자인 당신은 약자에게 관심을 가져야 해!"

규칙의 색채를 띤 표현이라면 더 당당하고 자신 있게 분노할 수 있다는 생각이 들지 않는가?

규칙이 넓고 많을수록 화낼 일이 많아진다

규칙은 마음속에 묻어 놓은 지뢰와 같다. 나와 교류하는 누군가는 지뢰를 밟는다. 지뢰가 많을수록 지뢰를 건드릴 확률이 높아지고, 폭파될 가능성도 커진다. 마찬가지로 마음속에 내재한 규칙이 많을수록 누군가가 규칙을 건드릴 확률이 높아지고, 그만큼 쉽게 분노한다.

내 부모에게 다음과 같은 규칙이 내재되었다고 가정해 보자.

사람은 위생적이어야 한다. 사람은 시간을 준수해야 한다.
사람은 성실해야 한다. 사람은 용감해야 한다.

사람은 예의를 지켜야 한다. 사람은 활달하고 외향적이어야 한다.

사람은 절약해야 한다. 사람은 민첩해야 한다.

사람은 진지해야 한다. 사람은 똑똑해야 한다.

사람은 자각할 줄 알아야 한다. 사람은 다른 사람의 기분을 고려해야 한다.

……

위와 같은 부모와 함께 산다면 부모와 자녀 모두 어떤 기분이 들까? 혼인 관계도 마찬가지다. 내재된 규칙이 매우 많은 배우자를 만나면 어떨까? 치약은 어떻게 짜야 하는지, 물건을 구매할 때 가격은 어떻게 흥정해야 하는지, 적은 돈은 어떻게 관리해야 하는지 등 작은 문제부터 얼마나 많은 능력과 책임감을 갖춰야 하는지와 같은 큰 문제까지 모두 자신만의 생각이 있다. 이런 사람과 함께 산다면 내내 다음의 두 생각이 끊이지 않을 것이다.

'역시 야단맞았어!', '어째서 야단맞았지?'

이 규칙이라는 지뢰가 어디에 묻혀 있는지, 구체적으로 어떤 종류인지는 당사자도 잘 모른다. 하지만 분노하는 순간 규칙이 드러나고 그제야 '아, 그에게 이런 규칙이 있었구나.'라고 깨닫는다.

요컨대 분노에도 장점이 있다. 분노는 마음속에 어떤 지뢰가 있는지 알려 준다. 분노를 통해 그 규칙을 스스로 발견할 수 있다.

규칙의 많고 적음은 분노를 결정하는 지표 중 하나다. 이뿐 아니라 비난의 정도 역시 분노를 결정하는 지표다. 즉, 어느 정도로 규칙 위반을 허용하지 않는지, 또 어느 정도로 규칙 위반을 허용하는지에 관한 지표다. 이는 두 측면으로 나뉜다.

- 규칙의 중요도
- 규칙의 포함 범위

사람들의 규칙에는 경중과 완급이 있다. 상대방이 규칙을 위반했을 때 중요한 규칙일수록 분노치가 높아지고, 가벼운 규칙일수록 분노치는 약해진다.

규칙의 중요도는 현실과 무관하며 당사자의 인지와 관련 있다. 원칙과 관계된 문제라고 여긴다면 모래알처럼 작은 문제도 큰 문제가 될 수 있다.

규칙의 범위는 규칙의 경계를 뜻한다. '사람은 능력이 있어야 한다'라는 규칙이 있다면, 어느 정도 능력이어야 능력이 있다고 할 수 있을까? 별장을 살 만한 자산이 있어야 한다는 뜻일까, 아니면 전세금만 마련해도 능력이 있다고 할까? 또 '집은 항상 깨끗해야 한다'라는 규칙의 경우, 먼지 한 톨도 없어야 깨끗한 걸까 아니면 물건을 여기저기 늘어놓지만 않으면 깨끗한 걸까?

'지각하면 안 된다'라는 규칙이라면 얼마나 늦어야 지각일까? 자녀가 학교에 5분 정도 늦는 것까지는 용인할 수 있을까, 아니면 첫 교시 수업을 듣지 못해도 받아들일 수 있을까? 수업 시작 10분 전까지 도착하지 않으면 지각이라고 생각하는 부모도 있다.

어떤 부모는 자녀가 숙제하는 모습, 글자 하나 쓰는 모습을 뚫어지게 바라본다. 글씨 쓰는 순서를 틀리기라도 하면 성실하게 숙제하지 않았다고 생각해서 화를 내며 잘못을 고쳐 주려 한다. 이런 부모는 '성실해야 한다'라는 규칙의 포함 범위가 굉장히 넓다. 규칙의 포함 범위가 넓을수록 다른 사람이 규칙을 위반하는 행위에 민감하고, 그들이 지뢰를 밟을 확률도 커진다.

내 안의 규칙은 어디에서 왔을까?

사람들은 어렸을 때부터 성장하는 과정에서 조금씩 규칙을 배우고 확립한다. 마음에 새겨진 규칙은 어린 시절 부모로부터 동일한 규칙을 요구받은 것이며 부모와의 상호 교류를 통해 규칙의 틀을 형성했다. 아이는 세상에 무지하다. 사회에서 어떻게 살아가야 하는지는 부모의 말과 행동을 통한 훈육의 영향을 받는다. 그리고 그 과정에서 아이는 자신만의 규칙의 틀을 만든다.

아이는 그 규칙의 틀을 마음에 품고 예비 사회인 학교에 들어간다. 그리고 학교는 아이를 가다듬고 고쳐 준다. 아이가 성장하여 성인이 된 후에는 사회가 다시 한번 사회의 규칙에 부합하지 않는 규칙을 수정한다. 이때 사람들의 반응은 2가지다. 유연한 사람은 갈등이 일어나면 자신을 반성한다. 이들은 어떤 규칙이 유지하기에 적합하고, 어떤 규칙을 버리거나 수정해야 하는지 고민한다.

경직된 사람은 분노를 선택한다. 이들은 자신의 규칙을 다시 고

찰할 능력이 없다. 자신의 규칙이 유일하고 세상은 자신의 규칙대로 움직여야 한다고 생각한다. 그래서 이들은 자신의 규칙을 지키지 않는 타인을 자신의 규칙에 도전한다며 질책하고 비난한다.

사람들이 분노하는 이유는 자신을 고치고 싶지 않거나 자신이 맞다고 생각해서가 아니다. 자신의 규칙이 자신에게만 속하고 이 세상의 규칙이 아닐 수도 있다는 사실을 받아들일 능력이 없기 때문이다.

분노가 끓어오르는 4단계 과정

사람은 분노하면 몰지각의 상태에 놓인다. 자신의 유한한 인지 경험을 기반으로 자신이 만든 규칙이라고 생각하지 못하고 그 규칙으로 다른 사람을 부정한다. '사람은 마땅히 이래야 한다'라고만 생각하지, '나는 사람이 이래야 한다고 생각해'라고 판단하지 못한다. 자신이 고수하는 규칙이 '나만의 규칙'이 아니라 '진리'이며 세계 어디에서나 통하고 누구나 반드시 지켜야 하는 규칙이라고 생각하는 것이다. 또 그 '진리'의 정확성을 검증하기 위해 조력자와 목격자를 찾기도 한다.

'모든 사람이 다 그래.', '정상인이라면 다 그래.'
'모두 다 그래.', '세상은 원래 그래.'

이런 배경에서 규칙을 이행하지 않는다면 잘못을 저질렀다는 뜻이다. 그래서 사람들은 분노할 때 마음속의 진리가 매우 강렬하게 작동한다. 나는 이를 '분노의 점화'라고 부른다. 일단 규칙이 진리로 승화하면 분노 감정이 폭발한다. 이때 분노의 과정은 다음과 같이 변한다.

먼저 상대방의 행위에 라벨을 붙인다. '당신은 …해.'

그다음 상대방에게 붙인 라벨을 부정적으로 단정한다. '당신의 행동 …은 잘못됐어.'

부정한 후에는 일반화한다. '당신은 어느 부분이 잘못됐고, 지금까지 다 틀렸어.'

마지막으로 '진리'를 이용해 부정을 뒷받침한다. '사람은 마땅히 …야 해.'

나는 이 과정을 분노 촉진 4단계라 부른다. 마치 로켓처럼 점화, 가속, 재점화, 재가속의 과정이 있고 마지막으로 최고 속도로 지구 인력의 속박에서 탈출한다.

진리감, 이것이 바로 분노 폭발을 유발하는 최후의 일격이다.

관계는 적응이 필요하다

상대방에게 지뢰가 많다면 왜 그 사람과 교류해야 할까? 나에게 가치 있는 사람이기 때문이다. 어쩌면 그에게서 내가 원하는 관심, 위로, 즐거움, 자산, 깨달음 등의 만족감을 얻었을 것이다. 예를 들어 부모는 내게 생활 여건을 제공하고, 친구는 서로를 지지해 주며 부부는 서로에게 관심을 준다.

가치는 금과 같다. 인간관계에서 '교류'란 서로 금을 채굴하는 관계다. 내가 금을 많이 가지고 있을수록 타인은 나에게 다가올 동력과 동기를 가진다. 이때 인간관계 교류는 게임이 된다. 상대방은 금을 건드렸는지, 지뢰를 건드렸는지 알 수 없어 기뻐해야 하는지, 놀라야 하는지 모른다. 그래서 상대방과 함께하면서 서로 탐색하는 시간이 필요하다.

나는 이것이 적응의 과정이라고 생각한다. 상대방이 금을 채굴하는 행위를 그만둘 수 없다면 그 사람은 나의 규칙에 적응하고 나와 타협해야 한다. 타협하면 지뢰 폭발을 최대한 피할 수 있다. 하지만 나와 함께하면서 받은 상처가 내가 주는 가치보다 크면 언젠가 나를 떠난다.

그러므로 쉽게 화내는 사람의 대인관계는 별로 좋지 않다. 생존 자원을 거머쥐고 쉽게 화내는 부모의 자녀는 최대한 빨리 집을 벗어나고 싶어 한다. 이런 부모 밑에서 자란 자녀는 성인이 되면 더 이상 부모와 연락하고 싶어 하지 않는다.

그렇다면 다른 사람이 나를 떠나지 않도록 하려면 어떻게 해야 할까? 나의 지뢰를 최소화해 상대와의 갈등이 일어날 확률을 줄

이는 것이다.

다름을 인정하지 않을 때

어떤 이들은 상대방이 왜 자신이 말한 대로 하지 못하는 건지 의아해하기도 한다. 이들은 상호 적응의 과정을 거부하고 상대방이 변하기만 바란다. 사실 나의 규칙이 맞는지, 나의 규칙을 준수해야 하는지는 중요하지 않다. 상대방이 나의 규칙에 동의하지 않는 것 자체로 분노가 일어나기 때문이다.

상대방에게 내 안의 규칙을 준수하라고 요구할 때 상대방은 반기를 들 수 있다. 상대방 역시 자아가 있고 자신만의 규칙 운영 시스템이 있기 때문이다. 독립적인 두 개체가 함께 활동하다 보면 규칙이 서로 충돌하는데 이때 필연적으로 갈등이 일어난다.

상대방에게 규칙 A, 나에게 규칙 B가 있다. A와 B가 다르면 갈등이 생긴다. 이때 갈등을 해결하는 방법은 5가지다.

1. 상대방이 양보하고 A를 포기한다.
2. 내가 양보하고 B를 포기한다.
3. 절충안을 마련한다. 상대방이 A의 일부를 포기하고 나는 B의 일부를 포기한다.
4. A와 B를 나누거나 보류한다. 상대방이 나를 바꾸려 하지 않고 나 역시 상대를 바꾸려 하지 않는다.

5. 이치 강조, 설득, 이익 교환 등의 수단을 통해 합의에 이른다.

분노는 첫 번째 방법을 선택했다는 뜻이다. 첫 번째 방법을 선택했을 때의 결과는 상대방에게 '자아를 포기하라'는 요구다. 이때 분노에 담긴 의미는 이렇다.

'나와 다르다는 것은 허락할 수 없어!'
'자신만의 삶의 규칙이 있다는 것은 허락할 수 없어!'
'당신에게 자아가 있다는 것은 허락할 수 없어!'
'나의 규칙에 동의해야 해!'
'나의 규칙대로 살아야 해!'

타인은 보통 나를 위해 그렇게 행동하지 않는다. 따라서 나의 분노는 대부분 효과가 없다.

다른 사람이 나에게 분노한다면 이는 기회이기도 하다. 그 기회를 통해 그 사람에게 내재한 규칙이 무엇인지 알 수 있다. 두 사람의 규칙의 차이를 알고 나면 그에 맞춰 행동할 수 있다. 내가 양보할 수도 있고 상대방의 양보를 유도할 수도 있다. 절충안을 마련하거나 갈라질 수도 있고 상대방을 설득할 수도 있다. 어떤 방법이든 다 가능하다.

상대방은 독립적인 인격체다

상대방의 규칙에 합의할 수 없으면 상대방을 긍정적으로 생각해 보자. 상대방에게 자아가 있다는 것은 좋은 일이다. 상대방과 내가 독립적인 사람이고 충돌과 갈등이 생길 수 있으며 동시에 생명력이 있음을 대변한다. 상대방이 나의 규칙대로 살면 그 사람은 나의 꼭두각시, 나의 로봇이 된다. 이는 좋은 일이 아니다.

나에게 배우자가 있다고 상상해 보자. 배우자는 나와 완전히 같은 규칙을 가지고 있고 이를 어긴 적이 없다. 그는 나와 싸우더라도 곧 포기하고 나를 따른다. 이런 배우자와 함께 살면 어떤 기분일까?

이번에는 자녀가 있다고 생각해 보자. 자녀는 나의 교육 철학을 완전히 받아들이고 내가 가르치는 모든 것에 동의하고 적극적으로 실행한다. 아이는 내가 기대한 모습 그대로 살고 나의 요구대로 생활한다. 아이는 반항한 적이 거의 없으며, 반항해도 내가 불만을 드러내면 바로 자신의 규칙을 포기하고 나를 따른다. 이런 아이를 원하는가?

분노가 괴롭긴 해도 우리에게 알려 주는 사실이 있다. 상대방은 독립적이고 주관과 자아가 있는 개체다. 나의 장난감이나 노예가 아니며 내 마음대로 부릴 수 없다. 서로의 의견이 달라 갈등이 발생하면 효과적인 수단을 동원해 협상하고 소통하면서 관계를 조율해야 한다. 상대방이 나와 다르므로 나의 삶은 활기가 가득하다.

이번에는 나 자신을 바라보자. 나의 분노는 '나는 나만의 원칙이 있어. 우리 관계에서 나의 원칙을 쉽게 포기하거나 양보하고 싶지 않아.'라고 말한다.

분노는 내가 자아를 유지하는 사람이고, 원칙과 주관이 있는 사람임을 말해 준다. 그 원칙과 주관이 언제나 즐거움을 주지는 않지만 많은 경우 나를 보호한다. 내가 해야 할 일은 나의 규칙을 완전히 포기하는 것이 아니다. 그저 가끔 아주 특별한 경우 다른 사람의 규칙을 관찰하며 나의 규칙 중 일부를 적당히 포기하기만 하면 된다.

☑ 내 마음속 분노 살펴보기

1. 당신이 적용한 규칙을 하나 이상 찾아보세요.

2. 상대방과 갈등이 일어났을 때 상대의 규칙은 무엇이었나요?

3. 다음의 문장을 완성하고 큰소리로 읽어 보세요. 어떤 기분이 드나요?

   사람은 _____ 야 한다고 생각해. 넌 반드시 내 생각에 동의해야 해!

사람은 반드시 _____ 야 한다는 너의 규칙을 포기해야

해!

너는 반드시 이 규칙을 따라야 해!

너는 너의 규칙이 있으면 안 돼!

나의 규칙은 전 세계 인류가 모두 지켜야 하는 거야!

4. 자신의 이 규칙을 어떻게 생각하나요?

5. 상대방의 규칙과 나의 규칙의 차이를 어떻게 생각하나요?

차이를
해결하는 방법

조화로운 방식으로 차이를 해결하기 위한 가장 기본적인 요소는 '수용'과 '존중'이다. 다만 이 방법은 시간, 에너지, 마음을 소모해야 한다는 단점이 있다. 그러므로 심리적 에너지가 충분할 때 활용 가능한 방법이다. 매번 차이를 마주할 때마다 이 방법을 사용할 필요는 없지만 익혀 두었다가 필요할 때 활용해 보자. 이외에도 비난, 훈계, 양보, 통제 등의 방식 역시 차이를 해결하는 효과적인 방법이다. 단, 방법마다 장단점이 있다.

1단계: 중립과 호기심

차이를 조화롭게 해결하기 위한 1단계는 '중립'과 '호기심'이다. 중립이란 자신의 평판, 부정, 규칙이 사실이 아니라 자신의 생각일 뿐이라고 깨닫는 것이다. 타인의 행위에 중립적인 태도를 유지해야 타인의 진정한 모습을 이해할 수 있다.

내가 탐정이고, 나를 화나게 한 사람을 용의자로 특정하고 있다고 생각해 보자. 사건을 해결하기 위해서는 추측에 의존하지 말고 심문과 증거를 기반으로 결정적인 증거를 확보해야 한다. 그 사람이 어떤 사람임을 증명할 수 있는 확실한 증거가 있기 전까지 '이것이 사실'이라고 판단할 수 없다. 그런 판단을 했더라도 그것은 사실이 아닌 '가설'이라고 생각해야 한다.

그렇다고 타인에 대한 견해를 갖지 말라는 것이 아니다. 그것은 불가능하다. 나를 화나게 하는 사람과 마주했을 때 미움과 비판하는 마음이 생기는 것은 당연하다. 하지만 이는 단지 개인의 주관적인 관점일 뿐 사실이 아니라는 점을 깨달아야 한다.

그 사람이 어떤 사람인지 라벨을 붙일 수 있고, 그의 행동이 잘못되었다고 부정할 수 있다. 인생은 어때야 하는지 규칙을 정할 수도 있다. 하지만 그것은 그저 개인의 관점이지 객관적인 사실이 아니다. 타인은 당신에게 동의할 의무가 없다.

그렇다면 어떻게 중립을 지킬까? 분노를 느낄 때마다 되새길 수 있도록 다음의 말을 가슴에 담아 두자.

지금 내가 알고 있는 그는 진짜 그가 아니다.

그의 마음속 규칙이 나와 꼭 일치하는 것은 아니다.

그러면 호기심이 생긴다. 그는 나에게 어떤 라벨을 붙였을까? 그는 나의 무엇을 부정할까? 그의 규칙은 무엇일까? 만약 아이가 숙제 때문에 나와 협상하려 한다면 궁금한 점이 생길 것이다.

아이는 왜 나와 협상하려 할까?
아이는 자신의 행위를 어떻게 이해할까?
내가 아이에게 붙인 '불성실'이라는 라벨에 대해 아이는 어떻게 생각할까?
아이는 나의 부정적인 시각을 어떻게 바라볼까?
아이는 나의 규칙을 어떻게 생각할까?

2단계: 차이의 수용

다른 사람을 수용한다는 것은 다른 사람의 생각이 나와 다르다는 것을 허락하는 일이다. 수용은 거부하지 않는 것이다. 특히 다른 사람의 생각을 통제하고 다른 사람의 관점을 바꾸는 일이라면 더욱 그렇다. 누구나 평등한 가치관과 선택권을 소유한다.

세상에는 대다수 사람이 인정하고 지키는 대중적인 규칙이 매우 많다. 예를 들어 사람은 도덕적이어야 하고, 선량해야 한다. 헌신적이어야 하고, 시간을 지켜야 하며, 성실해야 한다. 또 겸손해야 하고, 노력해야 하고, 존중해야 한다. 하지만 대중적인 규칙이라도 누구나 다 이를 인정해야 하는 것은 아니다.

대중적인 규칙을 준수하면 장점이 많다. 사람들이 좋아해 주고더 안전하게 살 수 있으며 평범해 보여서 주변 사람들과 더 잘 어울릴 수 있다. 하지만 아무리 대중적이고 통상적인 규칙이어도 누구든 "나는 원하지 않아."라고 말할 권리가 있다.

일반적인 규칙은 사실 미덕이다. 미덕이 사람을 압박하는 이유가 된 적은 없다. 냉정하고 무책임한 사람에게 부도덕하다며 비난받을 거라고 말할 수 있다. 하지만 그 사람을 바꿀 수 없고 관계를끝낼 수 없다면 받아들여야 한다.

'세상이 다 그렇게 하더라도 그 사람은 동의하지 않을 자유가있다.' 이는 우리가 해야 하는 첫 번째 수용이다.

또 가치관이 같은 사람과 함께하면 갈등과 분노를 해결할 수 있다는 순진한 생각도 접어야 한다. 세상에 가치관이 똑같은 두 사람은 존재하지 않는다. 기본적인 가치관이라도 똑같을 수 없다. 사람들이 마음에 품은 규칙은 단계적이고 사건적이며 일, 환경, 시간, 기분 등의 요소에 따라 달라지기 때문이다.

사람들의 기준은 사실 이중적, 심지어 다중적이다. 사람들이 준수하는 규칙은 안정적으로 보이지만 계속 변한다. 드라마에서 봤듯이 선량한 사람도 현실에서 어떤 자극을 받으면 '흑화'된다. 악

인도 감화되면 개과천선한다. 이들은 '사람의 규칙은 변한다'는 이치를 잘 보여 준다.

누군가로부터 자극을 받고 나면 '인간은 진취적이어야 한다'라는 생각에 동의하다가도 무기력하거나 우울할 때는 '굳이 진취적이어야 할까?'라고 생각한다. 기분이 나쁠 때는 다 포기하고 싶고 '그만두자, 책임지기 싫어.'라고 생각한다. 하지만 기분이 좋으면 모든 것을 기꺼이 책임지고 싶지 않은가?

'그 사람이 지금은 나에게 동의하더라도 모든 순간, 모든 일에서 나의 규칙을 따르겠다고 동의하는 것은 아니다.' 이는 우리가 해야 할 두 번째 수용이다.

가치관이 다른 사람과 함께 살 수 있을까? 두 사람이 함께 지낼 때 모든 분야의 규칙이 일치할 수도 없고, 또 그럴 필요도 없다. 신념이 같은 부분은 서로 사랑하고, 신념이 다른 부분은 서로 간섭하지 않는 관계, 그것이 건강한 관계다.

사람과 사람 사이의 건강한 감정 상태 역시 마찬가지다. 서로 사랑하면서도 가끔 떨어져 있는 시간을 갖는다. 즉, 두 사람이 화합하기도 하고 혼자의 시간을 갖기도 한다. 그러므로 가치관이 같은 사람을 찾는 방법을 고민하기보다 나와 다른 사람과 잘 지내는 방법을 배우는 것이 더 중요하다. 차이는 필연적으로 생기니까 말이다.

3단계: 존중

나와 다른 사람을 허용하고, 그 사람의 생각, 가치관, 생활 방식을 존중해야 한다. 나와 다른 부분을 받아들여야 그 사람의 진정한 모습을 볼 수 있다.

나는 바닥이 언제나 깨끗해야 한다고 생각한다. 하지만 그는 바닥은 걸어 다닐 수 있기만 하면 그만이다. 더러운 바닥을 참지 못하겠다면 그의 의견을 구할 수 있다. "바닥 청소해도 될까? 우리의 공간이잖아." 나는 아이를 사랑과 지지로 보호해야 한다고 생각한다. 하지만 상대방은 아이에게 엄격한 훈육과 지도가 필요하다고 생각한다. 혼나는 아이를 가만히 볼 수 없다면 역시 그의 의견을 구할 수 있다. "아이를 내게 맡겨 주면 안 될까? 내가 좀 사랑으로 잘 지도해 볼게."

이 두 예시의 배후에는 깊은 존중이 배어 있다. '당신이 나와 다르다는 것을 허용할게. 나와 다른 점이 좋은지 나쁜지 평가하지 않을게. 우리는 그저 다를 뿐, 좋고 나쁨이 있는 것이 아니니까.'

존중은 우리가 평등하고, 좋은 사람과 나쁜 사람, 높은 사람과 낮은 사람의 구분이 없다는 의미다. 내가 맞다고 생각하는 일을 상대방도 맞다고 생각해야 할 이유는 없다. 내가 맞다고 여기는 일을 상대방에게 요구할 권리가 없다는 뜻이다.

존중의 전제는 나의 관점이 세상에서 유일하게 맞는 관점이 아님을 깨닫는 것이다. 그래서 타인을 존중할 때 커다란 상실감을 느끼기도 한다. 나는 신이 아니며, 다른 사람도 나와 똑같다는 사실을 인식해야 하기 때문이다.

4단계: 학습과 통합

상호 존중의 기초에서 한 걸음 더 나아간 방법은 타인의 관점에서 장점을 배우는 일이다.

이 세상 누구나 나의 스승이 될 수 있다. 나와 다른 삶의 규칙을 지키는 사람도 그 규칙 덕분에 지금까지 살아왔다. 이는 그 규칙이 양호한 사회적 기능이 있으며, 계속 지킬 만한 가치가 있다는 의미다. 그렇다면 그 규칙을 준수하는 사람에게도 배울 만한 점이 있다. 그러면 호기심이 생긴다. 그의 관점은 왜 나와 다를까? 내가 배울 만한 장점은 뭘까? 내가 피해야 할 단점은 뭘까? 예를 들어, 나는 자녀를 통제하면 안 된다고 생각하지만, 나의 배우자는 부모로서 자녀를 적절히 통제하고 가르쳐야 하며, 조건 없이 사랑해서는 안 된다고 여긴다. 이때 이렇게 생각해 볼 수 있다.

아이를 통제하지 않으면 어떤 단점이 있을까?
아이를 적절히 훈육하면 어떤 장점이 있을까?

이 두 문제를 생각하다 보면 규칙을 정하고 자녀를 통제하면 자녀가 규칙을 배운다는 사실을 깨닫는다. 규칙이 형성되는 과정에서 사람은 반드시 억울함, 절망 등의 과정을 거치고 상처받는다. 이는 사람과 사회의 규칙이 서로 적응하는 과정이기도 하다.

영국 심리학자 도널드 우즈 위니컷Donald Woods Winnicott은 "아이는 견딜 수 있는 범위 안에서 적절한 좌절을 겪어야 한다."라고 여겼다. 독일 철학자 니체F. W. Nietzsche 역시 "우리를 죽이지 않는 것은 우리를 더 강하게 만든다."라고 했다.

부모와 함께 생활하면서 발생하는 좌절과 통제로 아이들은 향후 대인관계에서 맞닥뜨릴 좌절을 예행 연습한다. 부모가 자녀를 적절히 통제하지 않으면 아이는 온실 속의 화초가 된다. 자신을 통제하려는 사람과 함께 지낸 경험이 없는 아이가 오히려 더 위험하다. 이는 상대방의 '부모는 자녀를 통제할 수 있다.'라는 관점에서 배운 좋은 점이다.

배움이란 상대방을 복제하는 것이 아니라 상대방으로부터 배울 점을 생각하고 자신의 세계와 통합하는 것이다. 이렇게 나의 세계는 가능성이 하나 늘어난다. 이로써 유연한 삶을 향해 발을 내딛게 된다. 심리 건강의 최고 경지는 유연함이다. 특정 관점에 집착하지 말고 시기와 사건에 따라 관점을 유연하게 가져야 한다.

그러면 다음 단계로 돌입할 수 있다. 자신의 규칙과 다른 사람의 규칙을 통합해서 더 유리한 규칙을 만들자. 이때 우리는 성장한다.

5단계: 감사

감사한 마음을 가져 보는 것은 어떨까. 타인은 세상에 대해 생각할 수 있는 또 다른 가능성을 알려 주었다. 원하지 않으면 그대로 하지 않아도 된다. 하지만 적어도 나의 세상은 또 다른 세상과 만나 확장되었다. 이는 상대방 덕분이므로 감사해야 한다. 미국 가족치료의 어머니 버지니아 사티어Virginia Satir는 유명한 말을 남겼다. "우리는 서로 비슷해서 연결되어 있고, 서로 달라서 성장한다." 타인에게 있는 나와 다른 점이 나의 성장을 돕는다.

☑ 내 마음속 분노 살펴보기

1. 당신이 적용한 규칙과 상대방이 사용한 규칙이 무엇인지 찾아보세요.

2. 상대방의 규칙에 대해 생각해 보세요. 이 규칙들로 인해 그는 어떤 삶을 살았나요? 그의 규칙 덕분에 그가 잘 지냈다는 증거 3가지를 찾아보세요.

3. 상대방의 규칙 중 배울 만한 부분을 찾아보세요. 이에 대해 어떤 결정을 내릴 건가요?

과잉 기대가
불러온 분노

:분노는 기대 과잉이다

기대가 크면
분노를 불러일으킨다

분노는 기대를 만족시키지 못했을 때 일어난다. 화난 사람이 있다면 그의 분노에 착안하여 그가 어떤 현실을 바라는지, 어떤 염원이 있는지 알 수 있다. 분노는 상대방에게 바라는 것이 무엇인지 전달한다. 한 학생이 나에게 말했다. "남자친구가 문자 메시지에 답장하지 않아서 계속 전화하다가 불안감이 몰려와 결국 화를 냈어요."

이 학생의 분노에는 '내 메시지에 답장하고 내 전화를 받았으면 좋겠어. 언제든 나와 연락이 되면 좋겠어.'라는 기대가 숨어 있다.

한 여성은 이런 말을 했다. "우리 아이는 주말에 숙제를 거들떠보지도 않다가 월요일 아침이 되면 밀린 숙제를 몰아서 해요. 그런 모습을 보면 너무 화가 나요."

이 여성의 분노에는 '아이가 주말에 숙제를 다 마치고 여유로운 월요일 아침을 보내면 좋겠다.'라는 기대가 있다.

분노는 타인에 대한 기대가 클 때 생긴다

이런 기대가 실현되지 않으면 우리는 분노한다. 그런데 기대가 실현되지 않은 이유는 기대치가 너무 높기 때문이다. 이 말에 동의하지 않는 사람도 있다. "제 기대는 높지 않은데요. 모두 정상적이고 기본적인 기대잖아요. 설마 이 정도 기대가 당연하지 않다고요?"

기대의 높고 낮음은 입장에 따라 달라진다. 분노한 사람의 입장에서 보면 자신의 기대가 전혀 높지 않다. 하지만 상대방의 입장에서 분노한 사람의 기대를 충족시키지 못한 이유는 기대가 높기 때문이다. 타인이 나의 기대를 실현시키려면 다음 2가지 요건이 필요하다.

- 그는 나의 기대를 실현할 능력이 있다.
- 그는 나의 기대를 실현할 의지가 있다.

분노한 사람의 상대방이 기대가 너무 높다고 생각하는 이유는 2가지다.

- 분노한 사람의 기대가 나의 능력을 넘어섰다.

• 분노한 사람의 기대가 나의 의지를 넘어섰다.

분노하는 사람은 입장을 바꿔 생각하기 어렵다. 그저 자신의 관점에서만 볼 뿐 상대방의 관점을 헤아리지 못한다. 그런데 상대방도 나의 기대를 실현하고 싶지만, 능력의 한계로 그러지 못할 때가 있다. 하지만 이를 이해하지 못하고 원래의 기대를 유지하면 분노하게 된다.

능력의 한계
상대방이 나의 기대를 실현할 능력이 충분하다고 생각하는 이유는 3가지다.

첫째, 누구나 할 수 있는 평범한 능력이므로 상대방도 마땅히 해내야 한다고 여긴다. 사람들은 자녀를 때리는 부모에게 분노하고 비정상적인 부모라고 비난한다. 그 분노의 배후에 이 부모도 여느 평범한 부모처럼 자녀를 대할 수 있다는 기대가 있다. 하지만 그 부모 역시 자녀를 때리고 싶지 않지만, 스스로를 통제할 능력이 없는 것이다. 그렇다면 우리의 기대가 너무 높은 것은 아닐까.

책임감 있는 연인의 모습을 기대했지만 어렸을 때부터 '마마보이'인 남자친구는 책임감이 없다. 이런 경우 '책임감'이 강한 사람들에게는 정상적이고 높지 않은 기대라 할지라도 이 남자친구에게는 너무 높은 기대다. 어렸을 때부터 배우지 않았기 때문이다.

기대의 높고 낮음을 판가름할 때 '모두', '평범한 사람들', '사람이라면'과 같은 말은 기준이 될 수 없다. 나는 지금 '모두'가 아닌 개인적인 주체와 마주하고 있기 때문이다. 모두에게 정상적이고 평범하더라도 그 사람에게는 어려울 수 있다.

둘째, 과거에 해낸 일이라면 지금도 해내야 한다고 생각한다. 특히 결혼한 부부 관계나 연인 관계에서 사람들은 '이 사람이 예전만큼 잘해 주지 않아', '예전에는 …이었는데 지금은….'이라며 원망한다. 그러면서 한편으론, '나의 요구치는 그리 높지 않아. 그저 예전처럼만 대해 주면 돼.'라고 말한다. 하지만 시간이 흐르고 환경이 변하면서 우리의 몸과 마음에도 변화가 일어난다. 상대방이 나의 기대를 충족하고 싶지 않을 때도 있지만, 정말 예전처럼 해내지 못할 때도 있다.

셋째, 다른 사람에게 해줄 수 있는 것이라면 나에게도 해야 한다고 생각한다. 상대방이 다른 사람에게는 잘해 주는데 나에게는 잘해 주지 못한다는 생각이 들면 분노한다. 그래서 누군가에게 잘해 주려면 약간의 저항력을 극복해야 한다. 상대방이 나에게 잘해 줄 때 느끼는 저항력이 다른 사람보다 크면 어떨까. 나에게 잘해줄 땐 불만이 쌓이지만 다른 사람에게 잘해줄 땐 그만큼 미소를 지을 수 있다면 나에게 잘해 줄 때의 저항력은 극복하기가 쉽지 않다.

의지의 한계

상대방의 능력을 넘어선 기대는 '기대 과잉'이다. 그뿐만 아니라 상대방이 나의 요구를 들어주고자 하는 의지가 없다면 나의 기대는 상대방의 의지를 넘어선다. 상대방 입장에서 이것 역시 기대 과잉이다.

그렇다면 상대방은 왜 나의 요구를 들어주고 싶지 않을까? 상대방은 그 기대가 불편하고 가치 없다고 여기기 때문이다. 기대가 불편하다는 것은 어느 정도 이해가 간다. 자녀에게 순종하라고 요구하지만 순종하는 것을 좋아하는 사람은 없다. 자녀는 부모의 통제를 원하지 않지만, 부모는 통제하지 않으면 답답하고 괴롭다. 부모의 입장에서 자녀의 기대는 불편하기 때문에 통제를 포기할 수 없다.

상대방이 중요한 사람이라면 불편함을 감수할 수 있고 희생을 마다하지 않는다. 여자친구가 퇴근길에 데리러 오라고 한다면, 그녀를 얼마나 중요하게 생각하는지가 그 길을 갈지 말지를 결정한다.

하지만 누군가를 위해 자신을 희생하거나 불편함을 감수하고 싶지 않다면 '그 사람이 나에게 그럴 만한 가치가 없다'는 의미다.

상대방이 나의 요구를 들어주고 싶지 않은지, 아니면 능력이 부족한지 어떻게 판단할까? 이는 상황에 따라 스스로 판단해야 한다. 그것보다 분노할 때 생각해야 할 더 중요한 문제가 있다.

'그가 할 수 있는 일이 적은 것일까, 아니면 나의 요구가 많은 것일까?'

상대방의 능력이 부족하다고 생각하면 화도 나지만 동시에 마음이 편해지기도 한다. 만약 나의 요구가 많다면 나의 책임이고 나의 생각을 바꿔야 한다. 그런데 타인에게 너무 많은 것을 원한다고 자책하면 타인에 대한 분노가 자신에 대한 분노로 바뀔 수 있으므로 조심해야 한다.

그렇다면 나의 요구가 상대방의 능력과 의지를 넘어섰을 때, 나의 기대를 어떻게 처리해야 할까?

실제 기대가 생각보다 높을 때

내가 기대하는 바를 상대가 잘 안다고 생각하지만 실제로 무엇을 기대하는지 잘 모르는 경우가 많다. 예를 들어 우리는 '자발적으로', '능동적으로', '즉시에' 행동하길 기대한다.

한 여성이 말했다. "어머니가 아이를 돌봐 주시는데 아이는 먹고 싶지 않은데 어머니는 밥을 꼭 다 먹이려고 해요. 그런 모습을 보면 화가 나요. 어머니가 아이를 너무 압박한다고 생각하거든요."

이 분노에 담긴 여성의 기대는 무엇일까? 그녀는 어머니가 아이에게 너무 강요하지 않길 바란다는 자신의 기대를 의식할 수 있다. 그런데 그 배후에는 더 심층적인 기대가 있다. 여성은 원하지 않는 밥을 먹이는 것은 지나친 강요라는 것을 어머니가 자발적으로 깨닫고, 강압의 단점을 능동적으로 이해하며, 즉시 아이를 보호하고 그런 행위를 멈추길 바란다. 하지만 이는 어머니에게 난도가 굉장히 높은 기대다.

한 남성은 이렇게 하소연했다. "동료에게 크게 화가 난 적이 있어요. 그 친구는 자기 일을 가끔 나에게 떠넘기는 경향이 있거든요."

이 남성은 동료가 자신의 일을 넘기지 않았으면 좋겠다는 기대가 있다. 하지만 조금 더 생각해 보면 '동료가 내가 알려 주기 전에 그것은 잘못된 행동임을 자발적으로 깨닫고 자신의 업무를 나누지 않기를 바란다'는 기대가 존재한다.

상대방의 어떤 행위를 관찰한 후 자신의 기대를 표현하지 않고 먼저 분노했다면, 상대방이 어떤 태도를 지녀야 하는지도 기대한다는 뜻이다. 상대방이 자발적이고 능동적으로 자신의 문제를 인식하고 자기 행동의 결과와 비합리성을 깨닫고 적극적으로 개선하길 바란다는 것이다. 그런데 '예전에 이미 알려 줬다', '지난번에 이미 말했다'라고 말하는 사람들이 있다. 그렇다면 이번에는 어떤 기대를 하고 있는지 표현했는가? 알려 주지 않았다면 이런 기대를 하고 있다는 뜻이다.

'한 번 말했으니 영원히 기억해야 해!'

'지난번에 말했으니까 이번엔 기억했어야지!'

이는 상대방에게 너무 높은 기대다. '설마 매번, 반복해서 말해야 한다고? 그러면 너무 피곤하잖아.'라는 생각이 들 수도 있다. 그런데 이런 생각에는 또 다른 기대가 존재한다. 바로 '사람들이 나를 배려하고 피곤하게 하지 않았으면 좋겠다.'라는 기대다.

기대는 옳고 그름이 없다

여기까지 읽은 사람 중에 의문을 제기하는 사람이 있을 것이다.

"설마 기대를 품으면 안 되나요? 배우자나 아이에게 기대하면 안 되나요? 기대가 없는 관계가 무슨 의미가 있죠? 기대하는 것이 잘못된 행동인가요?"

기대는 옳고 그름의 문제가 아니다. 그런데 기대는 슬픔을 유발한다. 기대는 아이스크림을 먹고 싶은 마음처럼 바람이자 소망이고, 이 자체에 옳고 그름이 없다. 하지만 아이스크림을 먹을 수 없다면 괴로워진다. 즉, 과연 기대를 해야 하는가가 아니라 자신의 기대에 어떻게 대처하는가를 고민해야 한다. 기대한다는 것은 이미 발생한 사실이므로 왜 기대했는지와 같은 생각은 불필요하다. 그저 지금의 내가 무엇을 할 수 있는지 생각하면 된다.

기대는 좋은 일이다. 미래를 동경하고 다른 사람에게 기대한다는 것은 세상을 살아갈 활력이 있다는 뜻이기 때문이다. 이는 또 분노가 아름다운 이유이기도 하다. 분노는 삶을 포기하지 않았다는 뜻이다. 분노는 사람들에게 자신의 생각과 추구하는 바가 있다고 알려 준다.

기대 자체는 옳고 그름이 없지만, 문제는 우리가 자신을 고통스럽게 하는 방식으로 기대를 해결한다는 데 있다. 따라서 기대한다고 자책할 필요 없다. 자신의 기대를 어떻게 다룰지만 고민하면 된다.

분노는 기대가 너무 높다는 뜻일 수도 있다. 높은 기대를 해결하는 방식 중 하나는 포기다. 포기는 이 세상의 모든 어려움을 해결할 수 있는 고급 지혜다. 어떤 일이든 포기만 하면 어려울 것이 없다.

나는 젊은 시절 이 세상 구석구석을 여행하고 싶었지만, 돈이 없어서 포기했다. 나중에 금전적 여유가 생기면서 세계를 돌아다니는 여행가가 되고 싶다는 기대가 다시금 커졌지만, 그때는 시간의 여유가 없어서 이루지 못했다.

기대 자체는 분노를 일으키지 않는다. 기대에 대한 '집착'이야말로 분노를 초래한다. 상대방이 나의 기대에 부응하지 못하는 모습을 받아들일 수 없고, 그 현실을 거부할 때 분노 감정이 형성된다.

분노는 자신의 기대를 충족시키지 못할 때 일어나는 저항이자,

상대방의 현실을 향한 저항이다. 사람들은 분노 감정이 일어나면 '내가 원하는 대로 이뤄져야 한다'는 환상에 빠져서 자신의 요구가 실현될 가능성이 낮은 현실을 제대로 직시하지 못한다.

자신을 향한 분노도 마찬가지다. 자신의 에너지와 능력이 부족해서 기대하던 결과를 얻지 못했는데도 포기하고 싶지 않다. 능력의 한계를 믿고 싶지 않으면 자신에게 분노하게 된다. 따라서 분노할 때 자신에게 물어보자.

"정말 이렇게 현실을 거부하고 싶은가?"

기대에 대처하는 두 번째 방법은 분노를 이용해 자신의 기대를 '실현'하는 것이다. 분노는 종종 다른 사람이 나의 기대를 실현하는 데 효과적인 방법이 된다. 내가 분노하면 상대방은 나의 분노에 위협을 느끼고 양보할 수 있다.

분노는 힘이다. 순간적으로 나를 강하게 만들고 상대방의 협조를 강력하게 밀어붙여 기대를 실현하도록 도와준다.

앞서 언급했던 사례를 다시 생각해 보자.

여자친구는 남자친구가 메시지에 바로 답장하길 바라지만 남자친구는 전혀 반응이 없다. 어떻게 해야 할까? 남자친구에게 분노하면 된다. 그녀의 잠재의식은 '내가 분노하는 만큼 남자친구가 변화할 가능성이 커진다.'라고 생각한다. 만약 그녀가 '앞으로 내 메시지에 바로 답장해 줘.'라고 차분히 말한다면 남자친구는 변하지 않을 수 있다. 하지만 몹시 화를 내며 '왜 내 메시지에 답하지 않는 거야!'라고 말하면, 남자친구는 왜 여자친구가 화를 내는지 이해하지 못해도 비난받을까 봐 두려워 즉시 답장한다.

이처럼 분노는 우리의 기대를 더 잘 실현하도록 도와주는 훌륭한 조력자가 될 수 있다. 어떤 이들은 분노가 나쁘다고 하지만 분노는 하나의 수단일 뿐이다. 수단이 좋고 나쁨을 판단하는 지표는 다음의 2가지다.

- 목표를 달성하는 데 도와줄 수 있는가?
- 명령에 복종하는가?

분노가 매번 좋은 결과를 가져다주지는 않지만, 사람들이 가끔 분노하는 이유는 분노가 효과적이었던 경험이 있기 때문이다. 대화가 통하지 않고 다른 수단이 없을 때 분노는 목표를 달성할 수 있는 최고의 수단이다. 게다가 분노는 '이런 기대는 잘못된 것 같아.'라고 말하지 않는다. 분노는 무조건 우리의 명령을 따른다.

그러므로 분노는 우리의 기대를 실현하는 훌륭한 수단이다. 만약 원하는 결과를 얻지 못했다면, 원인은 분노가 아닌 우리의 비합리적인 기대 때문이다.

분노에 감사해야 한다. 원하는 결과가 아니라면 분노를 통해 자신의 기대에 대해 생각해 보자.

타인이 나에게 분노할 때

타인이 나에게 분노하면 그 역시 기대하는 바가 있다는 의미다. 이때 상대를 위해 명확히 표현하자.

'내가 어떻게 하면 좋겠어?'

'나에게 무엇을 기대하는 거야?'

'내가 어떻게 하면 화가 나지 않을 것 같아?'

관계를 유지하고 싶다면 상대방의 기대를 어느 정도 만족시켜 줄 수 있는지, 상대방은 자신의 기대를 어느 정도까지 포기할 수 있을지 함께 모색해 보자. 만약 상대방의 화를 돋우고 싶다면 차분한 말투로 그의 기대를 명확히 한 후 알려 주자.

"좋아, 나에게 뭘 기대하는지 알았어. 그런데 난 그렇게 하지 않기로 했어."

☑ 내 마음속 분노 살펴보기

1. 당신은 무엇을 기대했나요?

2. 그 기대가 당신에게 높지 않은 기대라는 증거를 찾아보세요.

3. 그 기대가 상대방에게 높은 기대라는 증거를 찾아보세요.

4. 증거를 찾은 후 어떤 생각이 들었나요?

5. 다음의 문장을 완성하고 큰소리로 읽어보세요. 또는 당신을
   분노하게 만든 상대방과 마주하고 있다고 생각하고 대화해
   보세요.

   너에게 요구하는 것은 _____ !
   넌 반드시 해야 해!
   당신이 이 일을 해야 내가 만족해!
   나는 현실을 받아들일 수 없어!
   나는 단념하지 않을 거야!
   원하지 않아!
   이런 당신을 받아들일 수 없어!
   절대 받아주지 못해!

6. 이 과정에서 어떤 기분이 들었나요?

7. 자신의 기대를 어떻게 생각하나요? 어떻게 해결할 건가요?

분노 속에
숨겨진 미움

기대에 대처하는 세 번째 방법은 상대방에게 나의 기대를 직접 드러내서 무엇을 원하는지 알려 주는 것이다. 나의 기대를 직접 드러내야 최소한 실현 가능성이라는 것이 생긴다. 그런데 사람들은 부정적으로 표현하는 습관이 있다. 생각보다 많은 사람이 '해야 한다'가 아닌 '하면 안 된다'라고 말한다. '네가 해야 하는 것은…', '너의 …은 틀렸어' 같은 화법에는 익숙하지만 '내가 바라는 것은…'처럼 원하는 것을 직접 말하는 방식에는 서툴다.

부정 화법의 장점

한 학생이 상담을 요청했다.

"우리 가족은 부정적인 에너지와 공격성이 가득해요. 그래서 너무 화가 나요."

"그렇다면 가족에게 기대를 표현해 보는 것은 어떤가요?"

"표현해 봤지만 소용없었어요."

"어떻게 표현했죠?"

"가족에게 '매일 그렇게 부정적인 에너지가 가득하면 안 돼! 나를 항상 그런 식으로 공격하지 마!'라고 말했어요."

그의 표현 중 '매일', '항상'과 같은 표현이 적합하지 않다는 사실은 차치하고라도 부정적인 화법으로 기대를 드러내는 특징이 있다.

이런 표현에도 당연히 장점은 있다. 첫째, 현상을 직접적으로 부정하면 매우 간편하다. 긍정적으로 기대를 표현하려면 원하지 않는 상황을 보며 원하는 상황을 그려 낸 다음 표현해야 하니 고민과 생각이 필요하다. 이는 '생각하는 데 쓰는 에너지를 절약해야 한다'는 잠재의식의 원칙에 맞지 않는다. 이 학생이 '나를 공격하지 마'라는 기대를 긍정적으로 표현하려면 어떻게 해야 할까? 우선 고민의 과정을 거쳐야 한다.

그렇다면 부정적인 표현의 단점은 뭘까? 이런 표현은 나의 기대를 실현하기 더욱 어렵다는 것이다. 부정적인 화법을 접한 상대방이 나의 말에 담긴 기대를 알아차리려면 더 많은 고민의 시간이 필요하다. 우선 '부정=기대'라는 공식을 이해해야 하는데 이는 전문적인 훈련이 필요하다.

사람들은 대개 상대방이 분노하면 상대방의 감정에 저항하느라 분노에 담긴 상대방이 진짜 하고 싶은 말을 생각해 볼 힘이 남지 않는다. 사람들은 상대가 하는 말의 의미를 파악하기보다 자신을 보호하는 것을 더 중요시하기 때문이다.

마음이 강한 사람만이 상대방의 분노가 가져온 충격을 소화하고 상대방이 표현하고 싶은 생각을 헤아릴 여력이 있다.

부정적 표현으로 기대를 드러낼 때의 두 번째 장점은 욕구의 수치심을 예방한다는 것이다. 기대를 직접적으로 표현하면 상대방에게 부탁하는 것 같고, 저자세를 보이는 것 같아 수치심이 느껴지기도 한다. 가족에게 화가 난 학생이 '나를 공격하지 않았으면 좋겠어.'라는 기대의 이면에는 무엇이 있을까? 학생의 진짜 기대는 이렇다.

'나는 공격을 받으면 상처받아요. 나는 공격을 참을 수 없어요. 그러니까, 나의 약한 부분을 배려해 주면 좋겠어요.'

대부분 기대를 직접적으로 표현하면 '나는 당신이 필요해.'와 같은 저자세를 취하게 된다. 그래서 낮은 자세를 보여 가며 부탁하고 싶지 않은 사람은 고자세라는 상반된 방식을 드러낸다. 분명 부탁을 해야 하는데도 고자세를 보이며 마음속에 있는 저자세를 방어한다. 이때 분노는 자존심을 보호하는 방식이 된다.

어떤 사람들은 기대를 직접 드러내면 꼭 부탁하는 것처럼 느낀다. 그런데 분노라는 방식을 이용한 기대는 요구다. 부탁과 요구는 다르다. 부탁은 상대방을 존중하고 상대가 어떻게 하길 바란다고 표현한다. 이런 표현에는 무엇보다 당연한 것이 없다. 하지만 요구는 '반드시 어떻게 해야 한다'는 강압이다. 요구는 '이것은 당신이 반드시 해야 하는 일이고, 하지 않으면 나쁜 사람이야!'라고 말하는 것과 같다.

부탁은 상대방이 거절해도 수용할 수 있다. 하지만 요구는 상대방의 거절을 받아들일 수 없다는 의미를 내포한다. 따라서 부탁과 요구 중 선택할 때는 우선 상대방의 거절을 수용할 수 있는가를 생각해 봐야 한다.

분노가 하는 말: 나는 당신이 밉다

왜 저자세는 수치심을 불러일으킬까? 사실 저자세 자체가 수치심을 유발하지는 않는다. 다른 사람에게 부탁할 때, 상사를 만났을 때, 불법 주차했는데 교통경찰에게 발각됐을 때, 좋아하는 사람을 마주쳤을 때 우리는 기꺼이 저자세를 취한다. 이런 경우 상대방이 관심과 배려를 보여 주길 바라며 수치심을 전혀 느끼지 않는다.

어째서 분노를 유발한 대상에 대한 저자세만 수치심을 불러일으킬까? 이는 자신이 상대방보다 수준이 높다는 생각에 상대방을 무시하는 잠재의식 때문이다. 무시하는 사람에게 도움을 부탁하려니 모욕적인 것 같다. 그러니 나를 보호하기 위해서 거만한 자세로 상대방을 무시하며 상대방이 나를 위해 행동하길 강요하게 된다.

앞에서 말했듯이 분노는 타인에 대한 '기대'이자 '욕구'다. 한편 분노는 또 타인에 대한 '미움'이기도 하다. 상대방이 부족하다고 생각하고 그 부족한 점을 받아들일 수 없으므로 바꾸길 바란다. 그리고 상대방이 부족하다고 여기는 순간 이미 상대방을 향한 미움도 시작된다. 그런데 곰곰이 생각하면 상대방을 향한 무시는 방금 일어난 일 때문이 아니라 그 사람에 대한 오랜 생각이 쌓인 것이다. 다만 방금 일어난 사건을 계기로 상대방에게 오랜 시간 품어 온 무시하는 감정이 드러났을 뿐이다.

어느 여학생이 남자친구의 소극적인 연락에 화가 났다. 그녀는 자신이 남자친구보다 여러모로 '조건이 좋아서' 손해 보는 연애를 하고 있고, 남자친구는 행운을 잡았다고 여기고 있다.

그 여학생은 "그런데도 내 전화를 받지 않다니, 남자친구는 자기 자신을 인지하지 못하는 것 같아요."라고 말했다. 그런데 만약 이 여학생이 자신보다 '조건 좋은' 남자와 연애한다면 어떨까. 상대방은 그녀가 존경하는 대상이고 그녀가 적극적으로 구애했다. 그런 남자친구가 메시지에 바로 답장하지 않으면 그녀는 걱정은 해도 화를 내지는 않을 것이다. 그녀는 지금의 남자친구가 답장이 늦어서가 아니라 그가 자발적으로 저자세를 취하지 않아서 화가 난 것이다.

분노는 한순간의 미움이 아니다. 그것은 오랜 시간 쌓인 경멸이다. 따라서 이때 분노는 "당신이 예전부터 마음에 들지 않았어. 마침내 이 일을 계기로 표현했을 뿐이야."라고 말한다.

분노 해결은 미움을 해결하는 것

분노는 하나의 기회다. 분노는 오랫동안 쌓아 온 불만을 상대방에게 드러낼 수 있다. 이때 분노를 계기로 다음을 발견할 수 있다.

나는 평소 상대방에게 어떤 불만이 있었을까?
나는 상대방의 어떤 부분을 경멸했을까?
나의 우월감은 어디에서 오는 걸까?

그런 다음에 상대방을 정정당당하게 경멸하자. 상대방에게 솔직하고 싶다면 직접적으로 알려 줘도 된다.
"솔직하게 말할게, 나는 오랫동안 당신을 미워했어!"
만약 이 미운 감정을 해결하지 않는다면 두 사람의 관계에서 응어리는 사라지지 않는다. 이를 위해서는 나에게 상대방보다 나은 점도 있고, 상대방도 나보다 훌륭한 점이 있다는 것을 분명히 인식해야 한다. 요컨대 우리는 타인과 수평선에 놓인 평등한 관계다. 상대방의 장점을 찾지 못하면 그가 별로라고 생각해 미워하고 그를 떠날 수도 있다. 그런데 정작 상대방을 떠나지 못한다. 이는 상대방에게 그 사람만의 장점과 가치가 있고, 차마 떠나지 못하는 이유가 있다는 뜻이다.

다른 사람이 나에게 분노할 때 원만한 관계를 원한다면 자신에게 어떤 불만이 있는지 알려 달라고 하자. 그런 후에 소통을 이어가면 숨겨진 응어리가 쉽게 녹는다. 하지만 상대방의 분노를 이용해 공격하고 싶다면 이렇게 말하면 된다.

"당신의 요구를 이해했어. 그렇지만 나는 당신을 경멸해. 그러니 당연히 요구대로 하지 않을 거야!"

☑ 내 마음속 분노 살펴보기

1. 분노했을 때 상대방을 경멸한 부분을 찾아보세요.

2. 상대방을 경멸한 이유 3개를 찾아보세요.

3. 나의 느낌과 원하는 변화에 대해 이야기해 보세요.

상대를 미워하면서
가치감을 느낀다

'가치감'은 살아가는 데 반드시 필요한 심리적 욕구 중 하나로 우리의 생존과 밀접한 관계가 있다. 사랑받은 사람은 좋은 자원을 더 많이 얻어 그만큼 쉽게 생존한다. 생물 진화의 관점에서 봐도 우성 인자는 진화하고 열성 인자는 도태된다. 더 우수한 사람은 생존 자원을 더 많이 차지한다. 인류 사회에서 우수한 사람이 더 추앙받고 사람들의 보호를 받는다. 따라서 생물 유전의 법칙이든 후천적인 환경과 교육의 영향이든, 타인보다 우수한 사람이 되는 것은 매우 중요하다. 자신에게 결점이 많고 다른 사람보다 부족한데 매일 이 사회를 마주해야 한다면 어떤 기분이 들겠는가? 불안하고 고통스러울 것이다.

가치감을 경험해야 잘 살기 위해 노력하고 좋아하는 일을 할 마음의 여유가 생기며, 사랑하고 싶은 사람을 사랑할 에너지가 솟구치고, 정상적으로 생활할 수 있다.

자기 가치self-worth를 찾지 못했을 때, 스스로 '나는 훌륭하다'라고 느끼도록 잠재의식의 도움이 필요하다. 객관적으로 '나는 훌륭한가'는 중요하지 않다. 자신이 스스로 어떻게 알고 느끼는지가 중요하다.

자기 가치감을 확인하는 중요한 경로, 분노

분노하면 다른 사람이 밉다. 다른 사람을 미워하면 자신에게 어떤 이점이 있을까? 상대방의 부족함을 지적하면서 자신의 장점을 부각시킬 수 있다. 상대방이 잘못했다고 생각할수록 내가 잘한 것 같고, 상대방의 단점을 경멸할수록 나의 모든 것이 장점 같다. 상대방을 미워하면 자신의 우월감을 느낄 수 있다.

상대방을 이기적이라고 비난하는 경우 나는 답답하고 불만이 쌓인다. 그런데 이 감정을 느끼는 사이 나는 나 자신을 어떻게 평가할까? '상대방은 왜 나처럼 헌신적이지 않을까?'라고 생각한다.

다른 사람에게 "왜 새치기하는 거예요. 교양 없네!"라고 비난할 때 마음속에 '나는 줄을 잘 서니까 교양 있는 사람이야.'라는 우월감이 자리한다. 다른 사람에게 "자기 계발이 부족해."라고 비난할 때 마음 깊은 곳에서는 '나는 자기 계발에 적극적이야.'라는 자부심이 있다. 다른 사람에게 "상대방의 기분을 전혀 살피지 않잖아."라고 비난할 때 '나는 다른 사람의 기분을 헤아릴 줄 아는 사람이야.'라는 뿌듯함이 있다.

'분노, 멸시, 경시, 원망, 거슬림, 까다로움'은 모두 우리가 다른 사람을 미워해서 느끼는 자기 가치감을 얻기 위한 중요한 경로다.

분노에는 쾌감이 있다. 분노는 괴로운 감정처럼 보이지만 비난이 시작되면 목소리가 우렁차고, 말에 막힘이 없으며 논리가 분명하고 집중도가 높아진다. 이는 매우 흥분할 때의 생리적 발현이다.

분노할 때 직관 언어는 '당신은 너무 부족해'이지만, 그 안에 숨겨진 뜻은 '이토록 훌륭한 나와 매우 다르군'이다.

우월함과 우수함은 다르다. 우수함은 '나는 아주 대단해'이지만 우월함은 '나는 당신보다 대단해'다. 사람들은 내재적으로 자신의 가치감을 확인할 수 없을 때 타인을 참고하고 타인과 비교하며 자신의 가치감을 확인한다.

분노할 수 있는 안전한 관계를 찾는다

우리는 가치감이 필요하고 분노는 가치감을 선사한다. 그래서 사람들은 무의식적으로 자신의 분노를 유발하는 관계를 선택해서 분노와 자신감을 동시에 얻는다. 사람들은 저도 모르게 그런 우월감을 찾기 위한 2가지 재미있는 일을 한다.

- 부족한 사람과 함께 있기
- 타인의 부족한 면을 발견하기

이 2가지 상황은 사람들의 분노를 일으킬 수 있다. "진취적인 성격의 배우자를 찾을 거야."라고 말하는 사람이 오히려 그 반대의 사람을 찾기도 한다. 배우자에게 진취적인 모습이 없어야 자신의 진취성을 체감할 수 있기 때문이다.

그런데 자신보다 진취적인 배우자를 찾으면 어떤 기분이 들까? 상대방이 나보다 진취적이고 성장 속도도 나보다 빠르다. 나날이 성장하는 상대방과 자신의 격차가 점점 벌어지는 상황을 지켜보면 버림받을 것 같은 공포감을 느낀다. 그런데 자신보다 진취성이 부족한 사람을 찾으면 완전히 달라진다. 상대방을 미워하고 분노하면서도 안전함을 느끼고 '나보다 못한 사람이니까 내가 버릴 수는 있어도 나를 버리지는 못하겠지.'라고 생각한다.

어떤 사람을 배우자로 선택하든 사람마다 장점과 단점이 있고, 나보다 뛰어난 점과 부족한 점이 있다.

분노를 치료하는 칭찬

분노는 잠재의식이 자기 가치를 찾는 과정이다. 그래서 칭찬은 분노를 치료하는 명약이다.

누군가가 나에게 분노할 때 그 사람의 비난을 이해하고 인정해 주는 모습을 보이면 상대방의 분노치가 뚜렷하게 줄어든다. 게다가 그 순간 상대방은 일의 잘잘못에 개의치 않는다. 기분이 풀어지면 수용력도 강해지기 때문이다. 물론, 누군가 나에게 분노할 때 그 사람은 그저 자신을 표현하고 싶은 것뿐이라는 사실을 인지하는 것이 우선이다.

타인과 깊은 관계를 형성하고 싶다면 그 사람이 분노할 때 그의 마음 깊은 곳에 자리한 '인정받고 싶은 욕구'를 진심으로 알아주고 인정해 주면 된다.

"맞아, 내가 너무 엉망이지? 넌 이런 부분 일 처리를 정말 잘하는데."

누구든 분노하면 강해 보이지만 사실은 역설적이게도 방어력이 가장 약할 때다. 분노의 칼끝을 피해서 그의 마음속 깊은 곳에 있는 연약한 부분에 도달하면 나약함을 발견할 수 있다. 물론 상대방을 자극하고 싶다면 상대방이 인정을 원할 때 비난하면 된다.

"너야말로 멍청하잖아! 너는 내가 본 사람 중에 가장 멍청해!"

그 결과가 어떨지는 충분히 짐작할 수 있다.

사람들이 분노할 때 잠재의식은 이렇게 말한다.

'난 이렇게 훌륭해, 알고 있어?'

'그러면 나를 칭찬해야지?'

'어째서 칭찬하지 않아?'

그렇다면 사람들은 왜 칭찬해 달라고 직접 말하지 않고 분노를 이용할까? 잠재의식에 그런 충동이 내재되어 있지만 의식하지 못하기 때문이다. 또 사람들에게 칭찬해 달라고 부탁하는 것과 다른 사람이 능동적으로 칭찬하는 것은 다르다. 하지만 분노를 이용해 칭찬을 바랄 때 인지할 게 있다. 상대방은 칭찬을 원하는 나의 의도를 모르고 자신이 부정당한다고 생각한다. 그런데 상대방 역시 칭찬을 원한다면 어떻게 해야 할까? 상대방은 자신이 부족하지 않음을 증명하며 반박할 것이다. 상대방 역시 버림받고 싶지 않고 인정과 사랑을 받고 싶기 때문이다. 그런데 상대방이 반박하면 이번에는 내가 부정당했다고 생각한다. 그러면 나는 상대방을 조금 더 부정하여 내가 더 낫다고 증명하고자 한다. 이렇게 서로 '상호 부정'이라는 악순환에 빠진다.

다른 사람에게 인정받는 것보다 더 효과적인 방법은 '자기 인정'이다. 분노는 내가 무엇을 기대하고 무엇을 중시하는지 알려 준다. 그 배후에는 우수한 인격과 기질이 담겨 있다.

분노는 '나는 아주 대단해!'라고 알려 준다. 다른 사람이 나를 인정하길 기대하지 말고 내가 나 자신을 더 많이 인정하자. 자신을 감상할 수 있으면 다른 사람에게 인정받겠다는 조급함은 사라진다. 그래야 다른 사람을 감상할 여유가 생긴다.

'자기 감상'과 '자기 최면'은 다르다. 거울을 바라보며 "나는 훌륭해!"라고 외친다면 그것은 자기 강요다. 진정한 자기 감상은 자신이 훌륭하다는 증거를 발견하는 것이다. 증거는 자기 감상을 위한 필요 조건이다. 기대가 실현되지 않으면 고통스러울 수도 있지만 동시에 좋은 인격을 가진 자신의 모습에 감동할 수 있다. 자신을 감상할 기회를 가져 보자.

기대를 통해 우리는 자신에게 내재된 아름다운 부분을 볼 수 있다. 우리의 아름다운 부분을 위해 충분히 감동하자.

☑ 내 마음속 분노 살펴보기

1. 배우자, 부모님 등 중요한 타인에게 자주 던지는 부정과 미움이 담긴 말은 무엇인가요?

2. 미움과 부정을 통해 자신의 무엇을 표현하고자 했나요?

3. 다음 문장을 완성하고 큰소리로 읽어 보세요. 어떤 기분이 드나요?

   나는 당신의 _____ 때문에 화가 났어. 나는 _____

인데, 나와 너무 다르잖아!

예를 들어,

당신은 나와 달리 이기적이야! 나는 이타적이라고!

당신은 나와 달리 나태해! 나는 아주 부지런해!

당신이 한 행동은 아이를 다치게 해! 나는 지금껏 아이를 다치게 한 적이 없어!

4. 내가 상대방보다 잘했다는 것을 증명할 증거는 무엇인가요?

5. 당신의 기대는 자신의 어떤 기질을 대변하나요?

'문제'가 중요할까, '관계'가 중요할까?

분노는 '상대방'보다 '문제'를 더 중요시한다. 우리가 사람 자체보다 문제를 더 중요하게 생각하는 이유는 우리가 문제보다 우선이었던 경험이 없기 때문이다. 사람들은 어렸을 때부터 문제를 우선시하는 삶의 방식에 익숙해 다른 사람의 기분이나 그와의 관계보다 문제 해결이 더 중요했던 것이다.

한 여성이 하소연했다. "제 아이는 간단한 계산 문제도 항상 틀려요. 너무 덤벙거리죠. 그러면 저는 참지 못하고 결국 화를 내요."

이 여성은 아이가 기분이 좋은지, 그녀와 아이 사이의 감정, 엄마에 대한 아이의 생각보다 아이의 '계산 문제'와 '덤벙거림'이 더 중요하다. 하지만 '계산 문제'가 정말 그렇게 중요할까?

아이가 '계산 문제를 정확하게 푸는 것'도 중요하지만, 아이도 중요하다. 아이를 사랑하고 아이와의 관계를 보호하고 싶다면 아이의 생각과 감정, 아이의 기분, 나아가 자신과 아이의 관계를 더 중요한 위치에 둬야 한다. '계산 문제를 정확하게 풀었는가'가 가장 중요한 문제가 되어서는 안 된다. 시야를 더 넓혀야 한다는 말이다. 아이의 기분을 고려하다 보면 분노는 감소하다가 결국 사라진다.

어떤 사람들은 문제가 해결되어야 관계를 보호할 수 있다고 생각한다. 예를 들어 "그 사람은 항상 나를 비판하는데 그 문제를 해결하지 않으면 우리는 사이가 좋아질 수 없어요."라고 말한다. 그 사람은 '나의 행동이 맞았는가'가 '우리의 관계'보다 더 중요하다고 판단했다. 만약 네 살짜리 아이가 엄마에게 "엄마는 나빠! 이제 엄마랑 말하지 않을 거야!"라고 했다면 엄마는 아이에게 자신의 행동이 잘못됐는지가 중요할까, 아니면 아이와의 관계가 더 중요할까?

나의 마음에 충실한 선택

문제가 더 중요할까, 관계가 더 중요할까? 모든 상황에서 사람이 더 중요하지 않기 때문에 이런 질문이 제기된다.

한 여성이 자신의 어머니에 관한 이야기를 했다. "제 남동생은 아직 미혼인데 저보다 연봉이 높아서 주택을 마련할 능력이 충분해요. 저와 남편은 아이 둘을 키우고 있고 주택담보대출도 아직다 갚지 못한 상황이고요. 그런데 엄마가 남동생이 결혼해서 살 주택 마련 자금에 돈이 부족하다고 빌려달라고 하시더라고요."

이 문제는 사실 분노할 필요 없이 해결할 수 있다. 어머니에게 돈을 빌려주지 않으면 그만이다. 하지만 이 여성은 그러지 못한 다. 어머니의 기분까지 고려하기 때문이다. 돈을 빌려주지 않으면 그녀의 어머니는 실망하고 속상해할 것이다. 그렇다고 해서 어머 니에게 기분 좋게 돈을 줄 수도 없다. 돈과 어머니의 기분, 둘 다 중요한 그녀에게 2가지가 서로 충돌하니 괴로울 수밖에 없다.

이런 경우 질문해 보자. 돈이 중요할까, 아니면 어머니의 기분 이 더 중요할까? 돈이 더 중요하다는 판단이 서면 어머니의 기분 을 고려할 필요가 없다. 어머니의 기분이 더 중요하다고 생각하면 돈을 포기하면 된다.

자신의 마음에 충실한 선택을 하고 그것에 책임지면 다른 사람 에게 분노하지 않는다. 분노는 다른 사람이 자신을 위해 책임져 주길 바랄 때 일어난다.

다른 사람의 비난과 부정 그리고 그로 인한 상처에 맞서기 위해 우리는 분노를 이용해 자신을 보호한다. 이때 보통 '이 사람에게 나는 좋은 사람인가'에 주목한다. 그때 자신에게 하나 더 물어보 자. '그 사람이 나를 보는 관점이 중요할까, 아니면 나와 그 사람 의 관계가 더 중요할까?'

적의 없는 단호함

상대방이 더 중요하다거나 두 사람의 관계가 더 중요하다고 생각할 때 양보를 통해 상대방을 보호하고 관계를 유지해야 한다는 뜻은 아니다. 이런 상태는 '나는 당신의 관점에 동의하진 않지만 여전히 당신을 중시해.'라고 할 수 있겠다.

아이들은 성장하는 과정에서 인지의 유한성 때문에 '무리'한 요구를 한다. 예를 들어 기차를 탈 때 갑자기 집에 돌아가고 싶다고 말하거나 장난감 가게를 지날 때 아주 비싼 장난감을 사달라고 조른다. 이때 요구를 들어주지 않으면 아이는 화를 내거나 운다.

아이의 요구를 들어줄 수 없다면 어떻게 해야 할까? 어떤 부모는 아이에게 '철이 없다', '생떼를 쓴다'고 화를 내며 '말을 듣지 않는 아이는 필요 없다'며 으름장을 놓는다. 이런 부모는 아이보다 문제를 더 중요하게 생각하고 있다. 이들은 자기 속내를 드러내는 아이가 아닌 '철든' 아이를 원한다.

아이를 더 중시한다면 어떻게 하면 될까? 다음처럼 침착하게 거절하면 된다.

"네가 원하는 것을 표현해도 괜찮아. 하지만 나는 너의 요구를 들어줄 수 없어. 너만의 생각이 있는 것도 좋아, 다만 나는 동의하지 않을 뿐이야. 비록 너는 '철없는' 아이지만 나는 너의 진짜 모습을 존중하고 여전히 사랑해. 네가 내가 원하는 아이의 모습이 아니라고 해서 나의 권력으로 상처를 줄 생각은 없어."

"만약 거절 때문에 상처를 받았다면 사과할게. 내 설명이 기분이 나아지는 데 도움이 되면 좋겠어. 미안해, 엄마는 너의 요구를 들어줄 수 없어, 이유는 …야. 내가 잘못해서 사과하는 게 아니야, 너의 슬픔에 유감을 느껴서야."

"나는 너가 슬퍼하니 슬픔을 함께하고 싶어. 나 때문에 화가 났어도 너와 함께할 거야. 네가 원한다면 다른 일로 너의 기분을 풀어줄게."

어떠한가. 적의를 품지 않은 단호함이 보인다. 나만의 단호함을 유지하면서 상대방도 자신만의 단호함을 유지할 수 있다. 나의 관점을 드러내면 상대방도 자신의 관점을 드러내고 서로의 생각을 논의한다. 그러면 상대방이 변하지 않고 관점을 유지하더라도 그것 때문에 관계를 포기하지 않으며, 변화를 강요하기 위해 분노를 이용해 위협하거나 벌을 주며 강요하는 일은 더욱이 없다.

관점과 사람의 구분

'적의가 없는 단호함'의 핵심은 '관점'과 '사람'을 구분하는 것이다. 상대방의 관점이 나와 다를 때 그의 관점에 동의하지 않으면서도 그 사람을 여전히 받아들일 수 있다면, 그를 향한 분노는 결국 줄어들거나 사라진다. 하지만 그의 관점이 아니라 그 사람이 나쁘다고 생각하면 분노는 더욱 강렬해지고 인신공격까지 서슴지 않는다.

분노할 때 다른 사람의 관점을 수용하기 어려운 이유는 자신을 바라보는 상대방의 관점을 자신에 대한 부정과 배척으로 간주하기 때문이다. 그 상처는 수치심으로 변질되고 이내 분노로 진화한다.

상대가 "당신은 너무 게을러."라고 말하면 어떤 기분일까? 상대방이 나의 게으름을 수용하지 못해도 전과 다름없이 나를 사랑하고 떠나지 않을 거라고 생각한다면 상대방의 비난에 크게 동요하지 않을 것이다. 많은 부부가 아내는 매일 남편이 게으르고 씻지 않으며 집 안을 정돈하지 않는다고 비난한다. 하지만 남편은 그저 허허허 웃으며 하고 싶은 대로 한다. 왜냐하면 남편은 아내가 자신의 게으른 모습을 싫어하지만, 여전히 자신을 사랑할 것임을 잘 알기 때문이다.

다른 사람을 향해 분노하거나 부정할 때 먼저 자신에게 물어보자. '나는 그의 전부를 부정하는 걸까, 아니면 그의 생각을 부정할 뿐일까? 우리 사이에 문제가 더 중요할까, 아니면 관계가 더 중요할까?'

다른 사람이 나에게 분노하고 부정할 때도 자신에게 물어보자.

'이 사람은 나 자체를 부정하는 걸까, 아니면 나의 생각을 부정하는 걸까?' 그런 후에 사랑과 수용의 자세로 관계를 지킨다는 기초 위에서 관점의 차이를 어떻게 해결할지 생각하고 논의해 보자.

분노를 이용해 친밀함을 방어하다

하지만 사람과 관점을 구분해도 분노를 없애기는 여전히 어렵다. 문제보다 사람을 더 중요한 위치에 두었다면 두 사람의 관계는 문제 때문에 갈라질 일은 없다. 자녀가 수학 문제를 틀려도 여전히 자녀를 사랑한다고 생각한다. 하지만 잠재의식은 끔찍한 일이라고 생각한다. 이는 자녀와 빈틈 하나 없이 친밀하기 때문이다.

친밀함은 호불호 없이 모든 사람이 좋아하는 감정은 아니다. 많은 부모와 부부가 상대방에게 친밀함을 드러내기보다 상대방과 '무슨 문제가 있는지'에 관해 이야기하길 더 좋아한다.

그렇다면 사랑을 표현하는 것과 문제를 토론하는 것의 차이는 뭘까? 바로 '친밀함'이 다르다. 어떤 사람들에게 눈앞에 아무런 문제 없이 친밀하다는 건 속옷을 챙겨 입지 않은 것과 같아서 견디지 못한다. 지나친 친밀함은 일부 사람들에게 부끄러움을 유발한다는 말이다. 이를 '친밀 수치심'이라고 한다.

사람들은 저마다 받아들일 수 있는 친밀도의 한계가 있다. 친밀함이 사라져 멀어지면 고독하고 적막하다. 그러면 사람들과의 거리를 좁히기 위한 행동을 한다. 하지만 지나치게 친밀하면 또 부끄럽고 강압적이어서 괴롭다. 그때는 멀어지기 위한 행동에 나선다.

분노는 너무 가까운 사이를 벌려 놓는 역할을 한다. 잠재의식은 두 사람 사이의 문제를 발견하고 이를 빌려 분노를 이용해 상대방을 밀어낸다.

그러면 재미있는 현상이 나타난다. 두 사람이 오랜 시간 헤어지면 서로의 결점이 더 이상 중요하지 않고 오히려 더 감정이 깊어지는 것이다. 하지만 오랜 시간 함께 있으면 미움이 싹튼다.

마찬가지로 매일같이 자녀와 함께 있는 부모는 매일 문젯거리를 찾아내고 서로의 거리를 벌린다. '심리적인 밀어내기'로 물리적인 가까움을 없애는 것이다. 이런 부모는 자녀에게 "사랑해."라고 말하는 경우가 드물다. 하지만 매일 출근하고 자녀와 함께할 시간이 부족한 부모는 다르다. 이들은 "너를 매우 사랑해."라고 말하며 언어로 거리를 좁히고 물리적 소원함을 없애려고 노력한다.

요컨대 분노는 문제를 만들어 가며 상대방을 밀어낸다. 왜냐하면 두 사람이 너무 가까이 있기 때문이다.

친밀함의 심리적 거리

누군가에게 친밀함은 익숙하지 않은 경험일 수도 있다. 그럴 때 "나와 너무 가까워지지 마."라며 보호한다. 이런 친밀 수치감은 어디에서 비롯됐을까?

어린 시절 부모와 가장 친밀했던 심리적 거리가 바로 성인이 된 후 감당할 수 있는 친밀함의 심리적 거리다. 어렸을 때 부모와 친밀했던 만큼 성인이 된 후 자녀에게, 배우자에게 친밀함을 허락한다. 일단 그 친밀함의 거리를 넘어서면 말다툼을 하거나 미워하거나 소원해질 수 있다. 그런데 또 막상 소원해지면 적극적으로 만류하거나 화젯거리를 찾아 말을 걸며 다시 거리를 좁힌다.

부모는 문제를 찾아내는 방식으로 우리를 밀어냈고 우리도 이 방식을 배웠다. 이 점을 깨달았을 때 스스로에게 물어보자.

'다른 사람과 진정으로 가까워질 준비가 되었는가?'

친밀함의 또 다른 결점은 무엇일까. 아무도 나의 기분을 신경 쓰지 않는데 나는 친밀하다는 이유로 상대방의 기분을 신경 써야 한다는 것이다. 아무도 내가 문제보다 중요하다고 생각하지 않는데 친밀하다는 이유로 상대방을 문제보다 중요시해야 한다.

나의 기분을 먼저 헤아리고 나 자신을 문제보다 우선시하는 법을 배워야 남을 공감하며 대할 수 있다. 이것이 바로 다음 장에서 중점적으로 다룰 내용이다.

☑ 내 마음속 분노 살펴보기

1. 상대방의 기분보다 더 중요한 문제는 무엇이었나요?

2. 아래 문장을 채워 큰소리로 읽고 난 후 나의 기분을 관찰해 보세요.

_____ 이/가 당신보다 더 중요해!

당신이 무슨 기분인지는 중요하지 않아. _____ 야말로 더 중요해!

우리의 관계는 중요하지 않아. _____ 야말로 가장 중요해!

3. 상대방의 기분도 동시에 배려할 수 있다면 이 일을 어떻게 해결해야 하나요?

4. 상대방의 기분을 동시에 배려할 수 있다면 기분이 나쁠 것 같나요?

5. 이 과정을 어떻게 생각하나요?

다른 사람을 심판하는
거대한 쾌감

상대방에게 불만을 느끼고 분노하면 보복하고 싶은 충동이 일어나고 벌을 주고 굴복시키고 싶어진다. 대인관계에서 평화적인 협상과 대화로 상대방에게 변화를 주지 못할 때는 무력이 해결 방법이 된다. 그런데 이러한 무력의 최초 동력이 바로 분노다.

아주 먼 옛날 인류가 탄생했을 때부터 오늘날 문명 시대에 이르기까지 문제를 무력으로 해결하려는 원시적인 방식은 줄곧 사용되었고 본질적으로 변하지 않았다.

누군가에게 분노할 때 사람들은 2가지 방식으로 상대방을 벌한다. 이 2가지 충동은 상충되지 않고 우리 마음속에 동시에 존재한다.

폭력: 나는 널 다치게 할 거야

'나를 화나게 했으니 너를 때리고 욕하고 네게 복수할 거야.'

무관심: 너를 포기할 거야
'너를 떠나고 포기하고 거리를 둘 거야.'

분노하는 순간에는 마음속에 이런 충동이 서슴없이 생겨난다.

분노는 징벌이다

상대방이 나의 요구를 듣지 않았을 뿐인데 왜 벌을 주고 싶은지 생각해 본 적 있는가? 다른 사람이 나의 요구에 부응하지 않으면 그 사람이 틀렸다고 생각하고 벌을 주려 한다. 이때 나의 잠재의식은 다른 사람을 심판하는 쾌감을 느낀다. 상대방이 틀렸다고 정의하고 요구를 제시하는 그 순간, 상대방이 판단 능력이 있고 독립적이며 나와 평등한 사람이라는 사실을 망각한다. 그때의 잠재의식은 자신이 상대방의 주인이라고 여긴다.

'나는 당신을 평가할 자격이 있어, 나는 당신을 부정할 자격이 있어, 나는 당신에게 요구할 자격이 있어.'

이런 생각을 한다는 것 자체가 '나'는 높은 사람이고 상대방이 낮은 사람이라고 여기고 있음을 보여 준다. 이때의 '나'는 마치 법전을 들고 있는 판사처럼 타인을 심판한다.

당신이 어떤 사람인지는 내가 결정해.

무엇이 맞고, 무엇을 마땅히 해야 하는지는 내가 결정해.

당신이 할 일은 내가 결정해.

당신이 어떤 규칙으로 살아야 하는지는 내가 결정해.

이러면 자신이 마치 정의 구현의 사도가 된 것 같고 이런 생각까지 든다.

'만약 지금 당신이 내게 오해와 부정 또는 통제를 받아 괴롭다면, 미안하지만 그건 내가 원하는 결과야. 그것은 당신이 나의 지위를 인정했다는 것이고, 징벌이 효과가 있었다는 뜻이야. 마찬가지로 당신이 잘하면 칭찬해 줄 거야. 나는 상벌이 명확한 사람이니까! 당신이 그것 때문에 기쁘다면 나의 상이 효과가 있다는 뜻이지.'

전능한 나르시시즘

세계의 중심이 되는 것, 그것은 인류의 궁극적인 환상이다. 사람들은 누구나 마음 깊은 곳에 높은 지위와 천하 통치라는 꿈을 품고 있다. 그래서 인류는 이와 관련된 신화를 대거 창조해 환상 속에서 염원을 이뤘다.

아이들은 '우주의 중심이 되겠다'는 꿈을 꾼다. 그러다 사춘기를 지나고 성인이 된 후에는 '카리스마 넘치는 회장', '잘생기고 돈 많은 청년' 같은 꿈을 꾼다. 모든 환상에는 '세계의 중심이 되고 싶다'는 꿈이 밑바탕에 깔려 있다. 이는 영유아기의 전능한 나르시시즘이 아직 몸과 마음에 남아 있다는 뜻이다.

영아는 출생한 후 자신이 전능하다고 생각한다. 영아는 어머니를 절대적으로 통제한다. 배가 고프다고 칭얼거리면 어머니는 배부르게 해 주고 안아 달라고 하면 안아 준다. 어머니의 생각이나 기분은 고려하지 않는다. 어머니에게 영아는 신이나 다름없다.

그렇지만 조금씩 성장하면서 자신의 한계를 인식하기 시작한다. 현실에서 우리는 만능 인간이 될 수 없다고 생각하거나, 될 생각조차 하지 않는다. 하지만 잠재의식은 지금의 평범함을 받아들이지 못하고 높은 지위에서 다른 사람을 심판하는 쾌감을 누리도록 가상을 만들어내기까지 한다.

분노는 우리가 그 원시적인 욕망을 실현하도록 도와준다. 분노 덕분에 우리는 높은 지위에서 상대방을 부정할 특별한 힘을 소유한다.

반박의 의미

상대방이 나에게 분노하면 공포감을 느낀다. 그 사람에게 주도권이 있고 나는 심판받고 있음에 동의했기 때문이다. 그러면 나의 잠재의식은 죽음에 대한 불안을 활성화한다. 하지만 이성이 조금만 돌아와도 상대방에게 그런 능력이 없음을 깨닫는다. 상대방이 나를 부정해도 나를 진짜 심판할 수는 없다. 하지만 상대방이 분노하면 그의 잠재의식이 나에 대한 심판권을 가지고 나의 모든 것을 결정하려 한다는 것을 알아야 한다. 그렇다면 스스로에게 물어보자.

상대방이 내가 어떤 사람이라고 말하면, 나는 정말 그런 사람일까?
상대방이 내가 틀렸다고 말하면, 나는 정말 틀린 것일까?
상대방이 내가 무엇을 해야 하고, 무엇을 하면 안 된다고 말하면, 그의 뜻대로 해야 할까?
내 자신을 판단할 권리를 상대방에게 줄 것인가?
상대방의 말에 동의해야 하는가?
상대방의 말에 반박해야 하는가?

반박의 뜻은 '억울해! 그런 것이 아니야!'다. 하지만 사실 나는 반박을 하면서도 여전히 상대방을 '규칙을 만드는 사람이자 나의 통치자'로 삼고 있다.

분노로 나를 드러낸다

분노를 느끼면 자신이 높은 위치에 있다고 생각한다. 높은 위치에 있으면 주목받는다는 장점이 있다. 나의 조건은 유한하지만 다른 사람들의 주목을 받고 싶다면 높이 올라서야 한다. 높이 서고 중심에 있을수록 주목받기 쉽다. 그들은 겸손의 필요성을 느끼지 못한다. 어떤 사람이 겸손할까? 훌륭한 조건을 갖춘 성숙한 사람들은 자신을 직접 드러내지 않아도 사람들이 자발적으로 주목한다. 이런 사람들은 타인을 부정하는 경우가 드물고 인정과 칭찬을 자주 한다.

한편 평범한 사람이 주목받으려면 어떻게 해야 할까? 분노에 의존할 수밖에 없다. 기세와 성량으로 상대방을 압도해야 자신의 위치를 더 높일 수 있다. 어렸을 때부터 우리는 가정, 학교, 사회에서 두드러진 사람만이 주목받고 약한 사람은 소홀한 대접을 받는다고 배워 왔다.

분노는 자신을 상대방보다 더 높은 위치에 두고 자신의 낮은 주목도를 방어하고 싶은 것이다. 분노는 강해 보이지만 사실은 '나는 당신에게 주목받고 싶어.'라는 외침이다.

분노의 배후에 있는 무력감

매번 큰소리로 상대방에게 '당신이 틀렸어!', '당신은 그렇게 하면 안 돼!'라고 외칠 때 이 말을 추가해 보자.

'나는 당신과 연결되어 있어, 내가 보여? 나는 당신에게 말하고 있어, 내가 들려? 나는 이렇게 적극적인데 왜 당신은 나에게 주목하지 않는 거야?'

이렇게 마음속 진정한 열망이 흘러나오면 분노의 배후에 자리한 깊은 무력감을 발견할 수 있다. 이는 상대방이 틀렸다고 큰소리로 비난하지만, 그가 자신의 세계를 벗어나 나에게 눈길 한 번 주지 않을 거라는 무력감이다. 하지만 상대방은 그저 자신이 틀리지 않았다고 반박하고 싶은 생각뿐이다.

자신의 분노에 대처하면서 자신을 위해 마음 아파해야 한다. 생각해 보자. 나는 왜 외로움을 두려워하고 왜 다른 사람과 연결되길 갈망하고, 또 왜 다른 사람을 그 사람의 세계에서 꺼내와 나를 보도록 할까. 왜 나는 약하고 주목받지 못하는 것을 두려워할까.

그런 후에 '주목받기 위해서 정말 노력했구나.' 하고 자신을 칭찬해 주자. 분노는 노력의 방식이다. 그러니 자신의 분노에 "수고했어."라고 한마디만 해 주자. 어쩌면 어린 시절 아무런 주목을 받지 못했을지도 모른다. 줄곧 주목받지 못하는 아이였던 나는 큰소리로 외쳐야만 주목받는다는 사실을 깨우쳤을지도 모른다.

하지만 지금은 다르다. 지금은 다른 방식으로 주목받고 싶은 욕구에 대처할 수 있다. 아무도 주목하지 않아도 혼자서도 잘 지낼 수 있다. 우리는 이미 독립적인 성인이 되었고 스스로를 잘 돌볼 수 있다. 만약 다른 사람의 관심과 주목을 갈망한다면 상대방에게 "당신은 틀렸어!"와 같은 지적보다는 "나를 좀 봐줄래?"라고 말해 보자.

다른 사람의 분노에 대처할 때 알아야 하는 것이 있다. 상대방이 나를 부정할 때 그의 잠재의식은 사실 상대를 부정하면서 자신을 봐 주길 원하고 있다. 그를 사랑하고 그와의 관계를 잘 유지하고 싶다면 그를 주목하고 말해 주자.

"화내지 마, 나는 너를 보고 있어!"

누군가에게 관심과 주목을 받으면 옳고 그름은 더 이상 중요하지 않다.

☑ 내 마음속 분노 살펴보기

1. 상대방은 당신을 어떻게 무시했나요? 당신의 무엇을 무시했나요?

2. 상대방을 어떻게 벌 주고 싶나요? 자신의 징벌 충동을 어떻게 생각하나요?

3. 상대방이 벌을 받은 후 당신을 어떻게 대하길 바라나요?

4. 사실 나는 당신이 _____ 길 바라. 당신이 나에게 더 관심을 가지면 좋겠어.

마음 성장
3단계

    분노가 일어나면 상대방이 변해야 내가 편안해진다. 이때 상대가 변하도록 요구하는 것과 상대방이 스스로 변하는 것은 전혀 다른 일이다.

    다른 사람의 생각이나 행동을 우리가 원하는 대로 바꾸긴 어렵다. 따라서 언제나 실현하기 어려운 소망이나 요구를 품고 있는 우리는 자신의 기대와 함께 잘 지내는 법을 배워야 한다.

타인을 향한 '요구'는 세 단계로 나뉜다

1단계: 편집기
    분노한 사람은 편집증에 빠져 있다. 편집증에 빠진 사람의 잠재의식이 펼치는 논리는 이렇다.

'당신은 나에게 관심을 가져야 하고, 나의 관심을 얻어야 해! 당신이 책임을 지면 좋겠어, 당신은 책임을 져야 해! 나를 존중해 주길 바라. 반드시 나를 존중해야 해! 당신의 현재 상태가 어떻든, 원하지 않아도 내가 요구하면 그대로 해야 해! 내가 원하면 나를 만족시켜야 해! 내 요구대로 하지 않으면 당신은 나쁜 사람이야!'

편집증에 놓인 사람은 자기중심적이다. 이들은 자신의 감정, 생각, 결핍감에 빠져서 만족할 가능성이 얼마나 되는지, 가치가 있는지, 현실의 한계와 타인의 바람 등은 전혀 고려하지 못하고 단한 가지만 기억한다.

'나의 욕구를 채울 거야!'

편집증에 빠지면 단순히 상상에 의존해서 행동한다. 또 자신이 무소불위의 권력과 힘을 가졌고, 타인은 자신을 쉽게 만족시킬 능력이 있다고 이상화한다.

태어난 지 얼마 안 된 영아는 편집증 상태에 놓여 있다. 영아는 자신의 유한한 인지를 기반으로 욕구가 있을 때마다 바로 엄마를 찾는다. 몸은 컸지만 마음의 일부가 어떤 곳에 고착된 성인은 평생 편집증을 버리지 못한다. 일단 통제력을 잃으면 크게 화를 내고 자신이 외부와 타인의 상태를 통제할 수 없다는 사실을 받아들이지 못한다. 게다가 자기 요구의 합리성을 증명하기 위해 자신의 관점과 정확성을 끊임없이 논증한다.

다른 사람은 다 할 수 있는데, 왜 당신은 못 해?

예전에는 했는데, 왜 지금은 못 해?

다른 사람을 위해서는 하면서, 왜 나를 위해서는 못 해?

2단계: 우울기

영아는 성장하면서 하나의 사실을 마주해야 한다. '엄마는 만능이 아니다. 엄마는 모든 욕구를 충족시켜 주지 않는다. 엄마에게도 한계가 있고 취향이 있으며 엄마만의 슬픔과 결핍이 있고 완전히 나만을 위해 살 수 없다.'

괴로움과 허전함을 느끼는 이 단계의 주된 감정은 우울감이다. 분노가 편집증을 거쳐 우울감으로 향할 때 우리는 현실과 타협하는 법을 배운다. 이때 잠재의식은 '내가 원해도 얻지 못했어.'라는 논리를 이어 간다.

우울감에 놓이면 눈을 뜨고 진짜 세상을 바라보기 시작한다. 그리고 자신의 요구가 보일 뿐 아니라 타인의 무능함과 자신에게 순응하지 못하는 현실이 보인다. 그리고 결국 포기를 배운다.

자신의 요구가 실현될 수 없다는 사실을 인정할 때, 자신이 다른 사람을 조종할 수 없음을 인정할 때 우리는 우울해진다. 하지만 걱정할 필요는 없다. 이는 탈중심화의 과정으로 '나는 더 이상 세상의 중심이 아니야. 나는 그저 평범한 사람 중 하나일 뿐이야. 사람들이 나를 위해 그렇게 큰 희생을 할 필요가 없어.'라고 깨닫는다.

욕구가 우울감으로 가면 분노를 멈춘다. 이때 분노는 억울함,

괴로움 등의 감정으로 전환된다.

3단계: 책임기

자신의 요구가 충족될 수 없다는 사실을 깨닫고 나면 우울, 괴로움의 감정이 생기고 차분히 생각해 볼 기회를 갖는다.

슬퍼하는 과정은 이성이 회복되는 과정이기도 하다. 이성을 회복하면 다른 사람의 변화를 바라는 것은 자신의 욕구일 뿐임을 깨닫는다. 당연히 타인에게 변화를 요구한 나의 욕구는 나 자신이 책임을 져야지, 다른 사람은 관계없다. 나의 잘못이 아니지만 결과는 내가 고스란히 떠맡아야 한다. 그럴 때는 잘잘못을 가리기보다 내가 더 편안해지기 위해 무엇을 할 수 있는지를 생각해야 한다. 나의 욕구에 책임을 지는 방법은 많다.

• **왜 그런 기대를 했는지, 나의 마음에 무슨 일이 일어났는지 생각한다.** 그런 기대와 집착을 한 이유를 알면 그 이유에서 답을 찾을 수 있다. 예를 들어 부모의 인정에 집착하는 사람들은 이런 논리를 펼친다. '부모가 나를 인정해 줬다면 나의 자존감이 이렇게 낮을 수가 없어.' 하지만 스스로 자신을 인정하는 방법을 배우면 부모의 인정에 집착하지 않는다.

• **효과적인 수단을 이용해 상대방을 변화시켜서 기대를 실현한다.** 지적, 통제, 위협 등의 수단으로 상대방의 변화를 꾀하고 나를

만족시킬 수 있다면 그 방법을 쓴다. 또 비위 맞추기, 설교, 달래기 등을 통해 상대방을 변화시킬 수 있다면 그 방법을 쓰면 된다. 상대를 바꿔서 내가 편안해진다면 상대를 바꾼다.

• **기대를 조금 낮춘다.** 타인을 향한 기대를 해결하는 방식은 기대를 완전히 포기하는 것이 아니라 상대방이 받아들일 수 있는 범위 안에서 기대하는 것이다. 상대방에게 아무런 기대도 하지 않는다면 그 관계는 더 이상 존재할 필요가 없다. 하지만 너무 높은 기대는 갈등을 일으킨다. 그러므로 합리적인 범위 안에서 기대를 조정하자. 기대를 낮춤으로써 얻지 못한 부분에 대해 슬퍼하는 것 역시 자신의 기대에 책임을 지는 방법이다.

이는 자신을 사랑하는 과정이다. 자신의 기대에 책임지면 진정한 책임기에 돌입한다. 이것이야말로 성숙한 인간으로 가는 길이다.

분노하는 대다수는 편집증에 머물러 있다가 감정을 억누르고, 계속 편집증에 머무른다. 시간이 흐르면 점점 절망하고 우울감에 접어들었다가 상대방에 대한 기대를 포기한다. 하지만 계속 앞으로 나아가 책임기로 들어서는 사람도 있다.

언제부터 자신의 기대에 책임질 것인가? 분노를 해결하려면 이 문제부터 풀어야 한다.

불러도 대답 없는 사람

분노는 기대가 편집증에 머물러 있기 때문에 일어난다. 사실 편집증도 환상과 희망을 유지한다는 장점이 있다. 분노는 부정적 방어기제다. 예를 들어 사람들은 사랑하는 사람이 갑자기 세상을 떠나면 그 사실을 받아들이기 힘들어한다. 이때 잠재의식은 자신을 보호하기 위해서 사실을 부인한다. 그들에게는 이렇게나마 사실을 부인해야 마음이 조금 편해진다.

분노가 바로 그렇다. 우리는 어떠한 사실을 바꿀 수 없고 상대방도 변할 힘이 없다. 그런데도 사실을 받아들이지 않고 '그 사람은 변할 수 있어.'라고 생각한다. 그래서 우리는 분노를 이용한다.

이것이 바로 분노한 사람이 편집증에 들어가는 과정이다.

가족을 잃은 사람은 시간이 흐르면 그 사실을 받아들인다. 처음에는 슬퍼하고 애도하지만, 그 사람을 영원히 잃었다는 사실을 인지하고 우울감에 들어선다. 분노하는 사람도 마찬가지다. 상대방을 바꿀 수 없다는 것을 깨닫게 되면 사실을 받아들이고 슬픔에 빠진다.

가족을 잃은 사람은 시간이 지나면 가끔 묘비를 찾아가 고인을 만나며 새로운 삶을 살아간다. 책임기에 접어든 것이다. 분노한 사람 역시 그렇다. 상대방이 자신을 위해 변해야 한다고 집착하지 않고 새로운 방향이나 사람을 선택한다.

하지만 아직도 많은 사람이 '다른 사람을 쉽게 바꿀 수 없다'는 사실을 믿고 싶어 하지 않는다. 이러한 환상을 깨뜨리는 것이 바로 '내려놓기'의 시작이다.

☑ 내 마음속 분노 살펴보기

1. 당신의 기대는 무엇이었나요?

2. 당시 그 기대를 어떻게 해결했나요?

3. 상대방이 당신의 기대를 실현할 수 없다는 증거는 무엇이었나요?

4. 그 상황이 다시 온다면 자신의 기대를 어떻게 해결할 건가요?

4장

상대방을 향한 요구는
나에 대한 요구다

:분노는 자기 요구다

분노가 일어나는 공식

☹ ☹ ☹

한 어머니가 말했다. "아침마다 아이 깨우는 문제로 실랑이를 해요. 지각하기 바로 전까지 꿈쩍도 안 하고 누워있다가 혹시나 지각할 것 같으면, 아침 식사를 거르든가 아예 학교에 가기 싫다고 해요. 화가 나서 미칠 것 같아요."

이 문제를 해결하는 최고의 방법은 인내심을 갖는 것이다. 아이의 자기 관리 능력은 성인보다 약하다. 아이들은 양육자의 인내를 갖춘 훈육, 소통, 본보기, 격려를 통해 조금씩 바른 습관을 형성하고 자연스럽게 시간 관념이 생긴다. 사실 인내심은 모든 분노를 해결하는 효과적인 비법이다. 인내심이 충분하면 해결하지 못할 분노가 없다. 하지만 인내심을 매번 실천하기란 너무 어렵다.

사람의 마음은 에너지를 담는 그릇과 같고, 그 그릇에 인내심을 채운다. 그릇은 사람의 상태에 따라 에너지로 가득 차 있기도 하고, 비어 있기도 하다. 에너지가 충분할수록 외적 자극에 대한 감당 능력이 강하고, 에너지가 부족할수록 외적 자극에 대한 감당 능력이 약하다. 분노를 표현하는 공식이 하나 있다.

분노 = 외적 자극 스트레스 - 내부 감당 능력

외적 자극에서 비롯된 스트레스가 감당 능력을 넘어서면 마음이 무너지면서 분노가 차오른다. 그 순간 스트레스를 충분히 대처할 감당 능력이 있다면 사건을 여유롭게 해결할 수 있다.

스트레스를 감당하기 힘들 때 분노가 생긴다

분노는 '메시지를 전달하는 신호'다.

"주의하세요! 남은 에너지가 얼마 없습니다. 당면 과제를 해결할 수 없으니 즉시 충전하거나 과제 수행을 멈춰야 합니다!"

즉, 자신을 보호하는 조치를 하라고 알려 주는 것이다.

분노의 두 번째 기능은 '집중 돌파'다. 분노는 집중적으로 폭발하는 고도의 에너지다. 분노하면 전신 에너지를 한 곳으로 집중해 분노하게 만든 사건을 처리한다. 따라서 분노하면 집중도가 매우 높아지는 자신을 발견할 수 있다. 최후의 수단인 분노는 이렇게 말한다.

이제 더는 못 버티겠어! 에너지가 거의 다 고갈됐어!

부탁이야, 이 일을 끝내도록 어서 협조해 줘!

더는 나를 괴롭히지 마!

퇴근 후 집에 갔더니 아이가 게임을 하느라 정신이 없다. 이때 만약 에너지가 남아 있다면 인내심을 가지고 온화한 방식으로 아이에게 말할 것이다. 하지만 자신에게 남은 에너지가 얼마 없다면 무섭게 호통친다. 호통은 아이가 공부를 하도록 만드는 가장 빠른 지름길이다. 상사가 야근을 요구했을 때 에너지가 남아 있다면 야근해도 상관없다고 여기겠지만 에너지가 얼마 없다면 상사에게 화내고 싶다.

분노는 우리가 아플 때 나는 열과 같다. 열은 2가지 기능이 있는데, 첫째는 '신호 기능'이다. 열은 면역 계통에 이상이 생겼다고 알려 준다. 두 번째는 '보호 기능'이다. 열은 문제 집중 처리 시스템을 가동하여 세균과 질병을 처리한다. 따라서 열이 나면 힘들긴 해도 사실상 우리를 보호할 수 있다. 분노 역시 우리를 보호한다. 이미 에너지가 부족한 상태에서 에너지가 바닥 나 '적자'가 되지 않도록 도와준다. 따라서 분노를 경험할 때 자신이 분노한다고 자책하거나 상대방이 무엇을 잘못했다고 다그치기 전에 자신에게 물어보자.

"나는 왜 그럴까? 무슨 일 때문에 이 스트레스를 견딜 수 없을까?"

원인 1. 나를 소모하는 일이 너무 많다

에너지가 부족한 첫 번째 원인은 나를 소모하는 일이 너무 많기 때문이다. 작동하고 있는 프로그램이 너무 많은 컴퓨터는 내장 메모리가 부족하다. 일상에서 너무 많은 일이 우리의 에너지를 소모시킨다. 집안일, 양육, 일, 학업, 대인관계, 부모님 부양, 친구, 식사, 수면, 꿈을 위한 분투…. 매일 여러 가지 일로 삶이 꽉 차 있고 피곤한 일들에 치여 산다.

이런 상황에서 신경 써야 할 일이 하나라도 더 생기면 그대로 무너질지도 모른다. 그래서 향상심이 강한 사람일수록 자신에게 요구가 많고 그만큼 쉽게 분노하고 작은 좌절에도 무너질 수 있다. 또 걱정이 많은 사람일수록 분노하기 쉽다. 모두 다 처리할 자신이 없을 정도로 신경 써야 할 일이 너무 많을 때 아이가 장난감을 바닥에 던지기라도 하면 순간적으로 분노한다.

당나귀에 관한 이야기가 있다. 당나귀가 등에 곡식을 한가득 짊어지고 길을 가며 생각했다. '어쩔 수 없지, 내 일은 내가 할 수밖에.' 하지만 어느덧 당나귀는 한계에 이르렀다. 그런데 갑자기 어디선가 날아온 볏짚이 당나귀의 등에 떨어졌고, 그 바람에 당나귀는 넘어지고 말았다. 그러자 당나귀가 볏짚에게 화를 냈다. "눈도 안 달렸어? 나를 눌러 죽일 뻔했잖아!" 당나귀는 며칠간 묵직한 곡식을 짊어져야 했던 억울함을 볏짚에게 쏟아 냈다.

당나귀를 눌러 죽일 뻔한 것은 볏짚일까? 아니면 곡식일까?

사실 나를 자극하는 사람은 도화선에 불과하다. 나의 분노를 자아내는 일은 영원히 해결되지 않는다. 볏짚이 자신에게 떨어지는 것을 막을 수 있는 당나귀는 없다는 말이다. 나를 지치게 하는 진짜 원인을 찾지 않는다면 계속 폭발물의 근처를 걷는 셈이다. 나를 자극하는 것은 '상대방'이 아니라 '사건'이다. 나의 마음이 허약하면 쉽게 자극되고 순간적으로 분노한다.

분노는 말한다. "지금 당신은 너무 지쳤어. 더 많은 자극을 견디지 못할 정도로 지쳤어." 따라서 분노할 때 상대방이 무엇을 틀렸는지 지적을 하거나 자신이 감정을 통제하지 못한다고 자책하는 데 급급해할 필요는 없다. 먼저 자기의 마음을 살피고 보살펴야 한다.

'요즘 내가 너무 지친 것은 아닐까? 오랫동안 즐거움과 편안함을 누리지 못한 것은 아닐까?' 마음을 바라보고 자신을 보살피면 고군분투하던 나 자신을 발견한다. 분노 해결은 사실 자신의 고단함을 해결하는 것이다.

원인 2. 현재 겪는 자극이 주는 스트레스가 너무 크다

자신의 능력을 넘어서는 과제에 도전하면 당연히 좌절과 실패를 경험한다.

한 여성이 말했다. "어머니는 너무 불공평해요. 제가 아이를 낳고 몸조리할 때 아이를 봐주시긴 하셨지만 탐탁지 않아 하고 상처 주는 말씀을 많이 하셨어요. 하지만 남동생네 아이를 봐줄 때는 당연히 해야 하는 일이라고 여겨요."

"어머니가 어떻게 하길 바라나요?"

"공평하길 바라지요."

어머니의 가치관을 바꾸는 것은 어려운 일이다. 이런 과제는 아무리 많은 에너지가 있어도 해결하기 쉽지 않다. 짧은 시간 안에 자녀의 생활 습관을 바꾸려는 부모나 자신의 능력을 강화하려는 사람들도 기대를 실현하기 어렵다. 해결하고 싶은 일일수록 더 많은 에너지를 소모해야 한다. 예를 들어 손님이 컵을 깨뜨렸다면 이렇게 말할 수 있다. "괜찮아요, 신경 쓰지 마세요." 하지만 아이가 컵을 깨뜨리면 조심성이 없다고 화를 낸다. 손님이 컵을 깨뜨렸을 때 그에게 '실수로 컵을 깨뜨렸다'라는 라벨을 붙이고 대수롭지 않게 여긴다. 그러면 에너지를 많이 소모하지 않고 해결할 수 있고 분노하지 않는다. 하지만 아이가 컵을 깨뜨리면 '덜렁대는 아이'라는 라벨을 붙이고 큰 문제라고 생각한다. 그러고는 아이의 성격을 바꾸고 싶은 충동이 일어나고, 순간 에너지를 다 써버려 분노 상태에 돌입한다.

분노할 때 자신에게 물어보자.

"정말 중요한 일인가? 그것을 해결하기 위해 고생할 만한가? 그럴 가치가 있다면 그 일을 중시하고 힘을 더 분배해야 하는가? 그럴 가치가 없다면 포기하고 결과를 신경 쓰지 않아도 될까?"

하지만 슬프게도 내게 중요한 일이라는 생각은 들지만, 에너지를 더 분배하기 싫은 일들이 있다. 더 슬픈 것은 많은 에너지를 썼지만 그것이 왜 중요한지 모르는 일도 있다는 것이다.

원인 3. 에너지를 소모하는 만큼 보충하지 않는다

내재적 에너지는 고정불변의 것이 아니다. 마음속 에너지는 물이 들어오고 나가면서 수량을 유지하는 저수지와 비슷하다.

누구나 매일 많은 일을 맞닥뜨리고 해결한다. 그중 에너지를 채워주는 일을 하면 조금 더 홀가분하고 상쾌해지지만, 에너지를 소모하는 일은 피로감을 불러온다. 그리고 같은 일이라도 매번 겪는 감정이 다를 수 있다. 예를 들어 퇴근 후 집에 돌아왔을 때 게임을 하고 있는 아이를 본다면 화를 내는가? 매번 볼 때마다 화를 내는가? 오늘 상여금을 받아서 기분이 좋다면 분노할 확률은 낮다. 하지만 회사에서 상사에게 질책을 받은 후 돌아왔다면 분노할 확률은 높아진다. 따라서 분노할 때 자신을 조금 더 보살피고 자신에게 물어보자.

"나는 최근 에너지를 보충해 줄 일을 하였는가? 아니면 줄곧 나를 소진하였는가?"

분노할 때는 '자기 자비Self-compassion'가 가장 필요할 때다. 분노하고 있는 자신에게 물어보자.

최근에 나를 소모한 일이 너무 많아서 지쳤는가?

내가 해야 하는 이 일이 나의 능력을 초과하였는가?

나를 바로 위로해 주지 않거나 에너지를 채워주지 않았는가?

이 질문들의 답을 찾으면 상대에게 화내지 않고 자신을 어루만질 수 있다. 그런 후에 자신을 어떻게 사랑할지 생각해 보자.

자기 위로는 분노를 해결하는 최고의 방법이다.

타인과의 연결

사랑하는 사람이 분노한다면 그 사람이 어떤 좌절을 겪고 있는지, 어떤 일 때문에 자신을 소모하는지 궁금하고 위로해 주고 싶다.

누군가의 약해진 마음에 관심을 주는 것은 매우 위대한 사랑이다. 누군가 나에게 분노할 때는 그 사람의 마음에 들어갈 절호의 기회다. 반대로 내가 분노하는 상대방이 나 때문에 속상해하고 나를 위로해 주며 약해진 나에게 관심을 준다면 어떤 기분이 들까? 진한 감동을 받고 친밀하고 돈독한 관계를 만들어 갈 수 있을 것이다.

반면 마음에 들지 않는 누군가가 분노하면 더 자극하고 싶은 마음이 든다. 그가 분노했다는 것은 이미 더 이상 버틸 여력이 없을 정도로 에너지를 소진했다는 뜻이다. 그럴 때는 그를 어떻게 더 자극해서 에너지를 소진시킬지만 생각하면 된다.

☑ 내 마음속 분노 살펴보기

1. 현재 또 어떤 일이 당신의 에너지를 소모하나요? 그런 자신을 어떻게 바라보나요?

2. 현재 처리해야 하는 일의 난이도는 어떤가요? 그 정도 난이도의 일을 처리해야 하는 것에 대해 어떻게 생각하나요?

3. 최근 당신의 에너지를 채워 준 일은 무엇이었나요?

4. 지금 무슨 일을 통해 에너지를 회복하고 싶나요?

5. 당신을 분노하게 한 사람에게 말해 보세요.

   당신이 한 행동 _____ 때문에 나는 너무 많은 소모를 했어! 나는 너무 지쳤어! 그러니까 나에게 협조해, 더는 _____ 은/는 하지 마, 더 이상 나를 자극하지 마!

   이렇게 표현하면 어떤 기분과 생각, 결심이 드나요?

서로 다른 관점이
화를 부른다

분노는 다른 사람에게 하는 '요구'다. 화가 났을 때 상대방에게 요구하는 것은 우리 자신에게도 그런 요구를 하기 때문이다.

한 여성이 말했다. "남편에게 다 마른 옷을 걷으라고 했더니 정말 옷만 걷고 양말은 그대로 걸려 있었어요. 그걸 보니 화가 났죠. 그래서 남편에게 '그렇게 성실하지 않으니 내가 당신에게 뭘 기대하겠어!'라고 말했어요." 화가 난 이 여성은 남편에게 '성실하지 못하다'라는 라벨을 붙였다.

그녀의 분노는 말한다. "무슨 일이든 성실히 해야 해! 그게 내가 당신에게 하는 요구야!" 이런 요구는 큰 문제가 없어 보인다. 하지만 이 여성의 입장에 쉽게 동의해서는 안 된다. 남편도 자신이 성실하지 못하다고 생각할까? 남편은 자신의 아내가 지나치게 꼼꼼하다고 생각할 것이다. 각자의 관점에서 상대방을 보면 다른 답이 나온다. 모순은 차이에서 비롯되며, 그 모순을 해결하려면 2가지 방법이 있다.

첫째, 남편이 아내에게 성실히 일하는 법을 배운다. 빨래를 걸을 때 양말도 걸으면 두 사람 사이에 갈등은 사라진다.

둘째, 아내가 남편에게 맞추는 법을 배운다. 양말을 걸지 않았어도 문제를 제기하지 않으면 두 사람의 갈등은 없어진다.

이 여성은 남편이 자신의 기준에 따라 일하기를 바라는 첫 번째 방법을 선택했고 두 번째 방법은 간과했다. 그녀가 두 번째 방법을 선택하기란 어려웠을 것이다. 그녀의 마음 깊은 곳에는 '일할 때는 꼼꼼하고 성실해야 해!'라는 생각이 있다.

이것이 바로 그녀가 자신에게 설정한 한계다. 생각해 보자. 양말 걷는 문제에서도 성실함을 논하는 그녀라면 삶의 다른 문제에서도 분명 매우 진지하고 성실한 태도를 보일 것이다. 그래서 남편에게도 '반드시 나처럼 무슨 일을 하든 성실해야 해!'라고 요구하는 것이다.

요구와 실행은 다르다

요구는 내재적인 과정이다. 어떤 사람들은 '그가 나에게 이런 요구를 하지만 본인이 그렇게 하는 것을 본 적이 없어. 그는 나에게 엄격하지만 자신에게는 엄격하지 않아. 그는 항상 나에게 설거지를 하라고 하면서 왜 자신은 하지 않을까. 이중 잣대가 분명해.'

라고 생각한다. 이때 이중 잣대는 표면적인 현상이다. 그 배후에는 2가지 이유가 있다.

첫째, 요구한 것은 사실이 아니라 라벨이다. 누군가 나에게 설거지를 하라고 요구하지만 정작 자신은 한 적이 없다면 그가 나에게 분노할 때의 라벨은 '할 일을 해야 한다'는 것이다. 그렇다면 그가 나에게 한 요구는 설거지가 아니라 '해야 할 일을 해야 한다'라는 것이다. 만약 남자가 여자에게 '여자는 너그럽고 지혜로워야 한다'라고 요구한다면, 그것에 상응하여 자신에게 '남자는 가족을 부양해야 한다'라는 요구를 할 것이다. 남성 중심적인 가치관을 가진 사람에게 '너그럽고 지혜로움'과 '가족 부양'은 '자신의 역할을 잘 수행하기'라는 공동의 라벨이다.

둘째, 요구와 실행을 혼동했다. 아무것도 하지 않고 빈둥거리는 사람이 내게 진취적이지 않다고 비난하면 아무것도 하지 않는 그의 모습은 단지 겉모습일 뿐일지도 모른다. 그의 마음에 불안감과 자기 혐오가 내재하지만 보이지 않을 뿐이다. 그는 자신 역시 진취적이고 성실히 살아야 한다고 생각한다. 그는 상대방이 아무것도 하지 않는 모습을 보이면 화를 낸다. 그에게는 강한 좌절감과 실패감이 내재해 있기 때문이다. 그는 줄곧 자신에게 '성공'을 요구했지만 이루지 못했고, 자신의 마음속 좌절감과 실패감이 활성화해 분노를 일으켰다.

겉모습만 보면 상대방이 자신에게 어떤 요구를 했는지 보이지 않는다. 그를 깊이 이해해야 그의 마음이 나에게 어떤 요구를 하는지 알 수 있다.

나에 대한 요구 먼저 해결하기

다른 사람에게 분노할 때 상대방이 나처럼 똑같은 자기 요구가 있길 바란다. 이는 경계를 허무는 행위다. 분노 자체가 경계를 보호한다고 말하는 사람도 있지만 사실 분노는 경계를 망가뜨린다. 자신의 경계는 보호했지만, 동시에 타인의 경계는 침범했다.

분노했을 때 특정한 누군가에게 요구를 충족시키라고 할 수 있지만 모든 사람에게 언제나 요구를 충족시키라곤 할 수 없다.

언젠가는 나의 요구와 현실이 함께 공존해야 한다는 사실을 배워야 한다. 이보다 자신에 대한 요구를 먼저 해결하는 것이 더 중요하다.

분노는 기회다. 다른 사람에게 하는 요구를 보며 내가 평소 나에게 어떤 요구를 하는지 깨달을 수 있다. 그리고 자기 요구를 해결하는 법을 배우면 다른 사람의 요구를 해결하는 법을 자연스레 배울 수 있다. 따라서 분노할 때 먼저 자신에게 질문하자.

그에게 무엇을 요구하는가?
자신에 대한 요구를 상대방에게 요구하는가?
타인에게 가혹한 요구를 할 때 자신에게도 이렇게 가혹한 요구를 한 적이 있는가?

자신에 대한 요구를 해결하는 법을 배우는 과정이 바로 자기 배려의 과정이다.

'왜 나에게 이렇게 가혹할까?'

분노는 나를 알 수 있는 '기회'가 될 수 있다. 타인을 향한 강요를 통해 평소 자기 자신에게 어떤 강요를 하는지 알 수 있다. 이때 '왜 나는 자신에게 이렇게 가혹할까?'라는 문제를 생각해 보자. 스스로에게 질문을 던지면서 자신을 아끼고 사랑하는 법을 배운다.

또 나에게 분노하는 상대방이 사실은 불쌍한 사람이라고 느껴진다. 당장은 그가 나에게 한 요구 때문에 기분이 나쁘지만 그것은 그저 한순간의 불쾌함이다. 상대방이 나에게 그런 요구를 한 이유는 자신에게도 같은 요구를 하고 있기 때문이다. 게다가 더 오랜 시간 더 엄격한 요구를 해 왔다. 다만 그는 그런 가혹함에 익숙해졌고 나는 익숙하지 않을 뿐이다.

쉽게 분노하는 사람은 자신에게 매우 모질다. 그런 사람을 안쓰럽게 여기고, 그가 자신에 대한 압박과 강요를 발견하도록 도와주자.

☑ 내 마음속 분노 살펴보기

1. 분노한 경험을 적어 보세요. 당신의 라벨에 따라 상대방에게
   요구했던 일을 적어 보세요.

   상대방에게 하는 요구: 당신은 _____ 해야 한다.

   이 말을 다음과 같이 바꿔 보세요.

   내가 나에게 하는 요구: 나는 _____ 해야 한다.

2. 이것을 실천하기 위해 어떤 행동을 했는지 생각해 보세요.

3. 다음의 문장을 완성하고 큰소리로 읽어 보세요.

   나에 대한 요구는 _____ 야.
   당신도 나처럼 자신에게 _____ 라고 요구해야 해.

4. 자신의 이 요구를 어떻게 해결하고 자신을 위로하고 싶나요?

적절한 포기의
황금 비율

☹ ☹ ☹

한 여성이 말했다. "제 아이는 엄마와 떨어지는 것을 매우 싫어해요. 제가 외출하려고 하면 아이는 엉엉 울면서 저를 못 나가게 해요. 그럴 때마다 이해받지 못하고 자유를 빼앗긴 것 같아 미칠 것 같아요."

이 여성이 화가 난 이유는 아이에게 '너무 제멋대로 행동한다'라는 라벨을 붙였기 때문이다.

"아이를 두고 그냥 나가면 되지 않나요? 설마 아이가 당신보다 힘이 센가요? 아이가 당신을 막을 수 있어요?"

"그렇게 하면 저도 너무 제멋대로 행동하는 것 같잖아요!"

그녀는 자신에게 '너무 제멋대로 행동하면 안 된다'라고 요구하고 있었던 것이다.

"마음대로 행동한 적이 있나요?"

"자주 마음대로 행동하는 편이에요."

"그럴 때 어떤 기분인가요?"

"자책하게 돼요."

그녀는 사실 행동만 그렇게 했지 마음에서 마음대로 행동하라고 자신을 놓아준 적이 없다. 자신에게 '어떤 경우에도, 무슨 일이 있어도 마음대로 행동하면 안 돼'라고 요구하고 있었던 것이다.

해내지 못한 자신을 허락하기

자신에게 스스로 어떤 행위를 해도 된다고 허락했는지 판단할 때 그 행동을 했는지가 아니라 마음이 허락했는지 살펴봐야 한다. 행동했다고 해도 마음이 거부하고 발버둥 친다면 자신을 허락한 적이 없다는 뜻이다.

이 여성은 자기 요구를 낮춰야 한다. 자신에 대한 요구를 낮추는 것은 100점을 해내야 한다는 요구를 멈추는 것부터 시작된다. 아이가 고집을 열 번 부렸을 때 아홉 번은 받아주고 한 번은 양보하지 않았다면 자기에 대한 요구를 낮췄다는 뜻이다.

자신을 놓아주는 것은 자기 요구를 실천하지 않은 그 한 번부터 시작된다. 사실 열 번의 행동 중, 단 한 번의 방종을 허락한다는 것도 매우 가혹하다.

수학에서 선분을 두 부분으로 나누었을 때 짧은 부분과 긴 부분의 길이 비율이 긴 부분과 전체 길이의 비율과 같다면 이 비율을 황금 비율이라고 한다. 황금 비율은 건축, 설계, 음악, 미술, 일상 생활에서 광범위하게 응용된다. 황금 비율을 기반으로 한 설계는 매우 조화롭고 편안하기 때문이다.

무리수인 황금 비율의 소수점 뒷자리 3개는 0.618로 약 60%에 가깝다. 어렸을 때부터 흔하게 접한 숫자다. 바로 합격의 비율이다. 영국 심리학자 도널드 위니컷이 이 숫자에서 영감을 얻어 '60점 엄마'라는 개념을 제시했는지도 모르겠다.

그는 이렇게 말했다. "60점짜리 엄마면 충분히 좋은 엄마다. 100점짜리 엄마가 되기 위해 노력할 필요는 없다. 100점은 완벽이 아니라 상처다."

100점 엄마는 아이의 성장 가능성을 빼앗는다. 100점에서 40점이 부족한 '나쁜 엄마'가 되면 아이는 오히려 독립성이나 다른 사람과 함께 지내는 법, 타인에게 적응하는 법, 사회에 적응하는 법을 배울 수 있다. 엄마가 아이에게 너무 많은 사랑을 준다면 아이의 독립성을 빼앗는다. 엄마가 아이에게 사랑을 적게 준다면 아이는 곤경에 처했을 때 상처를 입을 수도 있다. 하지만 사랑을 주지 않은 이 40점은 '매우 적절한 좌절'이 될 수 있다.

0.618:1은 삶을 아름답게 하는 비율이다. 예를 들어 고집을 부릴 때 38.2%의 고집과 61.8%의 순종은 '황금 고집 비율'이다. 이것이야말로 지속 가능하고 인정에 걸맞은 처세법이다. 또 61.8%

의 일에 책임을 지고, 38.2%의 일에 대한 책임을 지기 위해 노력하면 매우 훌륭한 사람이 될 수 있다.

포기해도 되는 2가지 경우

물론 기계적으로 계산하고 산다면 약간 무서울 수도 있다. 61.8%는 어떻게 계산하고 어떻게 통제해야 할까? 누가 결정하고 점검할까? 체중을 잴 때는 계량화된 기준이 있지만 사람의 행동은 어떻게 기준을 둬야 할까?

사실 61.8%는 이상적인 수치이지 기계적으로 정확하게 추구하라는 것은 아니다. 이 비율에 따라 고의로 고집을 부리거나 책임을 질 필요는 없고, 다음 2가지 경우에 자신을 용인하면 된다.

- 하지 못했을 때
- 버텨 보았지만 더 이상 버티고 싶지 않을 때

몸이 주는 신호를 믿어야 한다. 우리의 몸은 언제 할 수 없는지, 할 수 있지만 너무 지쳐서 하고 싶지 않을 때는 언제인지 알려 준다. 인내와 버티기가 모든 경우에 의미가 있는 것은 아니다. 임무의 난이도가 한계 능력을 넘어서면 지금 포기할지 다음에 포기할지에 관한 선택만 남는다. 버티기가 반드시 긍정적인 가치만 낳는 것은 아니다. 오히려 괴로움만 동반할 수도 있다.

지쳤을 때는 포기하기 가장 좋은 기회다. 또 자신을 용인하기 가장 좋은 시기다. 하지 못할 때, 그리고 버티고 싶지 않을 때가 바로 38.2%를 보여 줄 기회다.

유연함은 자유다

요구를 낮춘다고 요구를 없애는 것이 아니다. 요구를 낮춘다는 것은 자기 능력의 한계와 자기 의지의 한계를 존중한다는 뜻이다.

따라서 자기 요구를 낮추는 것의 본질은 자기 존중이다. 자신이 무소불위의 신이 아니라 한계가 있는 사람임을 존중하는 것이다. 자신이 요구에 통제되는 사람이 아니라 독립적이고 자유로운 사람임을 존중하는 것이다.

하지만 자기 요구를 낮추면 자신의 규칙이 깨지는 원치 않는 결과가 생긴다. 이는 자기 요구를 낮추기 어려운 이유이기도 하다. 마음에 '스승의 말씀을 배반'하는 것 같은 두려움이 몰려온다. 금기를 깨고 벌을 기다리는 제자처럼 말이다.

이때 배워야 하는 것은 자립이다. 마음속 오래된 '계율'을 정리하고 자신만의 새로운 규칙을 세워야 한다. 즉, 자신을 바꿔 규칙에 적응하는 것이 아니라 마음속 규칙을 바꿔 자신에게 적응시켜야 한다. 나는 이 이치를 깨닫기 전까지 '열심히 공부해서 매일 성장해야 한다'라는 규칙에 20여 년 동안 지배됐었다. 이 '매일'이라는 '계율' 때문에 나는 1년 내내 공부해야 한다는 압박에 시달렸다. 그래야 매일 성장할 수 있을 것만 같았다. 심지어 연애도 시간 낭비라고 여겼다.

나중에 나의 규칙을 내가 지배하고 '열심히 공부하고 가끔 성장하자'라는 규칙으로 바꿨다. 그제야 나는 자유를 느꼈다. 나의 인생은 더 이상 영원히 증가하는 함수가 아니었다. 언제나 에너지가 가득하고, 성장하고 싶을 때 성장했고, 피곤하고 지치면 평범해도 상관없다고 생각했다. 심지어 아무것도 하지 않고 시간을 보내고 싶을 때는 그대로 멈춰 있어도 상관없다고 여겼다.

유연하게 규칙을 조정하니 진짜 자유를 얻었다. 게다가 자유로워진 후 오히려 더 좋은 효과를 낳았다. 가끔 성장하면 매일 성장하는 것보다 효율이 더 좋았고 더 큰 가치를 창출할 수 있었다.

유연함의 뜻은 규칙을 준수하지 않아도 된다는 것이 아니라, 상황에 따라 선택할 수 있다는 것이다. 규칙은 현실을 고려하지 않으면서까지 반드시 준수해야 하는 것이 아니다. 그렇게 자신에 대한 요구를 낮추고 휴식을 얻으니 에너지를 되찾고 감당 능력도 강해져서 마음이 더 편안해졌다.

☑ 내 마음속 분노 살펴보기

1. 분노했을 때 상대방에게 제시한 요구가 무엇이었는지 생각해 보세요. 또 그 요구에 따라 자신에게는 어떤 요구를 했는

지 생각해 보세요.

2. 자신에게 한 요구를 바탕으로 어떤 행동을 했나요?

3. 자기 요구를 유지하는 과정에서 어떤 기분이 들었나요?

4. 다시 선택할 수 있다면 언제 포기할 건가요? 그 시점에 포기하는 것과 포기하지 않고 버티는 것에는 어떤 차이가 있을까요?

5. 요구의 배후에 있는 규칙은 무엇인가요? 그 규칙은 당신을 어떻게 제한했나요? 그 규칙을 어떻게 고치고 싶은가요?

대부분 자신의 그림자를 숨긴다

자기 요구가 높으면 고되다는 단점이 있다. 그럼에도 사람들은 자기 요구를 통해 얻는 장점이 더 크기 때문에 기꺼이 자기 요구의 수준을 높인다.

자기 요구의 장점은 자신의 그림자 인격을 밀어내고 밝은 인격만 남길 수 있다는 것이다. '그림자'는 심리학자 칼 구스타브 융Carl Gustav Jung이 제시한 개념으로, 우리가 받아들일 수 없는 자신, 좋아하지 않는 자신을 의미한다. 이와 대응되는 '페르소나'는 우리가 원하는 자신이다.

사람들은 빛과 그림자처럼 양면적인 특징을 다 가지고 있다. 누구나 선량함과 사악함, 이타심과 이기심, 진취성과 나태함, 용감함과 두려움을 동시에 지닌다. 그리고 여러 상황과 사람들 앞에서 다양한 성격을 드러낸다. 그런데 대부분 자신의 그림자를 내보이려 하지 않는다. 그뿐만 아니라 자기 자신조차도 자신의 그림자를 외면하려 한다. 이때 사람들은 자기 요구를 하게 된다.

스스로 타인에게 친절하라고 요구하지만 자신이 냉정한 사람임을 알고 있다. 타인에게 폐를 끼치지 말라고 요구하지만 자신이 이기적인 사람임을 알고 있다. 또 타인을 쉽게 부정하면 안 된다고 요구하지만 자신이 남을 자주 원망하는 사람임을 알고 있다. 따라서 자기 요구의 뜻은 이렇다.

나는 _____ 인 나를 받아들이지 않아!

나는 _____ 인 나를 좋아하지 않아!

내가 이렇게 노력하며 자기 요구를 하는 것은 내가 _____ 처럼 보이지 않기 위해서야.

진정한 자신보다 이상적인 자신을 더 사랑한다

사람들은 진정한 자신보다 이상적인 자신을 사랑한다. 이것이 다른 사람에게 전가되면 분노로 변하는 것이다.

"나는 당신의 진짜 모습이 싫어! 당신의 진짜 모습을 받아들이지 못하겠어! 당신의 진짜 모습보다 이상적인 당신이 더 좋아!"

이런 상대방을 싫어하는 이유는 그런 자신을 싫어하기 때문이다.

'페르소나'는 스스로 설정하고 대외적으로 유지하고 싶은 이미지다. 스타들은 착한 남자, 강인한 여성 등 자신만의 이미지를 만들어 포장하고 이를 홍보한다. 이미지에 부합하지 않는 행동을 하면 기존에 쌓아올린 이미지가 무너지면서 팬들의 사랑이 식는다. 그래서 그들은 자신의 이미지를 유지하기 위해 각별히 신경 쓴다. 마찬가지로 우리와 같이 평범한 사람들도 자기 요구를 통해 좋은 이미지를 유지한다. 비록 힘들고 고되지만 이미지를 쉽게 포기하지 않는다. 힘들게 버티며 끊임없이 자기 요구를 하는 것 말고 또 뭘 할 수 있을까? 똑똑한 잠재의식은 이 문제를 해결할 방법이 있다. 바로 분노를 이용하는 것이다.

나에 대해 지적하는 타인에게 화내기

분노의 장점 중 하나는 나의 그림자를 지적하는 타인을 저지할 수 있다는 것이다. 타인의 평가에 민감한 사람은 자신이 어떤 사람인지 평가받을 때 최선을 다해 반박하거나 해명한다.

한 여성이 말했다. "저는 아이가 두 명이에요. 아이들을 챙기다 보면 예정 시간에 외출하기 어려운데 남편은 도와주지도 않고 팔짱을 낀 채 쳐다보면서 제가 느리다고 지적해요. 처음에는 해명하다가 나중에 말다툼이 일어나죠. 남편은 제가 미쳐 날뛰어야 입을 다물어요."

'느리다'는 이 여성의 그림자 인격이다. 남편이 그녀에게 '느리다'고 지적하자 그녀는 '나는 두 아이를 챙긴다'고 해명하여 남편의 입을 다물게 하고 자신의 그림자를 배격한다. 그녀는 자신이 느리다는 것을 받아들일 수 없다.

하지만 자신의 그림자 인격을 받아들일 수 있다면 어떻게 될까? "맞아, 나는 행동이 느려."라고 시원스럽게 인정한다. 엄마에게 느린 행동은 부끄러운 일이 아니라 고생스럽게 아이를 챙기기에 가능한 권리다. 그녀가 느린 데는 이유가 있고, 나쁜 이유도 아니라면 다른 사람이 지적하거나 비난해도 화낼 필요가 없다.

스스로 자신이 느리지 않다고 생각하면, 또는 느려도 괜찮다고 생각하면 상대방이 무슨 말을 하든 무슨 관계가 있을까? 굳이 그렇게 자신에 대한 평가를 배격할 필요가 있을까?

한 남성은 이렇게 하소연했다. "우리 회사의 고과는 팀 단위로 받습니다. 한 사람의 실수가 서로에게 영향을 줄 수 있죠. 그런데 동료가 제 잘못을 자주 지적합니다. 가끔 제가 맞다고 생각하는 것을 지적하는데 기분이 나쁘지만 참고 고쳐 보려 합니다. 하지만 고과에 상관없는 일까지 지적을 하면 화가 나요."

이 남성의 그림자 인격은 '실수'다. 그는 실수하는 자신을 받아들일 수 없다. 그래서 동료가 실수를 지적하면 매우 민감해지고 동료의 표현을 제지하고 싶은 마음이 간절하다. 만약 그가 실수할 수 있다고 자신을 받아들인다면 "맞아, 나의 이 부분이 정말 잘못됐네. 알려 줘서 고마워."라고 말하든가 "나의 이 부분을 굳이 고칠 필요는 없는 것 같아."라고 말할 수 있다.

우리의 잠재의식은 '내 문제를 지적하는 타인을 제지하면 그 문제는 존재하지 않을 거야.'라고 여긴다. 사실 이는 눈 가리고 아웅이다. 우리는 살아가는 동안 다양한 평가와 마주한다. 그런데 어떤 부분은 받아들이지 못하고 분노로 다른 사람의 표현을 저지하고자 하고, 그 과정에서 많은 에너지를 소모한다.

자신을 받아들일 수 있는 사람의 마음은 강대하다. 그런 사람은 자신의 어떠한 모습도 사랑하기 때문에 타인의 평가를 배척하지 않는다. 이들은 상대방이 맞다고 생각하면 과감히 인정하고 상대방이 틀렸다고 생각해도 변명을 늘어놓지 않는다. 상대방의 관점을 중시하기 때문이다.

분노는 상대방을 도구로 삼는다

다른 사람에게 분노할 때는, 그에게 나와 똑같이 행동하라고 강요할 수 있다. 이러면 엉망인 자신을 마주하지 않아도 되고 지치지도 않는다. 자녀를 돌볼 에너지가 남지 않은 어머니는 아이에게 신경을 쓰지 않으면 무책임하고 나쁜 엄마가 될 것 같다. 어떻게 하면 될까?

해결 방법은 2가지다.

- 아이에게 분노한다. 아이가 자기 일을 스스로 하면 엄마는 지치지 않는다.
- 남편에게 분노한다. 남편이 아이를 돌보면 나쁜 엄마가 되거나 지칠까 봐 걱정하지 않아도 된다.

내가 하고 싶은 일을 다른 사람에게 시키면 에너지를 아끼고 자신의 이미지를 유지할 수 있다. 한 여성이 말했다. "아버지가 입원하셔서 병원에서 밤을 지새우며 간병해야 했어요. 그래서 남편과 교대로 아이를 돌보기로 했죠. 그런데 남편은 집에서 아이를 전혀 신경 쓰지 않았고 그것 때문에 화가 많이 났어요. 남편이 너무 이기적이고 무책임하다는 생각이 들었거든요."

이 여성은 병원에서 밤새 간병하지 않는다면 자신의 규칙을 어기는 셈이고 이기적이고 무책임한 사람이 된다. 하지만 아이를 제대로 돌보지 않으면 학부모로서 이기적이고 무책임하다. 이 갈등을 어떻게 해결해야 할까? 그녀의 잠재의식은 이렇게 말한다. '남편이 이기적이지 않다면 아이를 잘 돌볼 테니 나는 아버지를 안심하고 간병할 수 있어. 아이에게도 미안한 마음이 들지 않을 거야.'

하지만 남편은 그녀만큼 헌신적이고 책임감이 있는 사람이 아니다. 남편은 아이가 집에서 알아서 지내는 상황을 받아들일 수 있다. 그는 그 규칙을 지킬 필요가 없기 때문이다. 그렇다면 남편에게 분노한다. '나의 첫 번째 규칙은 사람은 이기적이면 안 된다는 거야! 내 말 들어!'

분노의 본질도 이렇게 말한다. '나는 이미지를 유지하느라 지쳤지만 그래도 유지해야 해. 그러니까 당신이 나의 요구를 따라 나와 같은 일을 해야 해. 나의 일을 분담해야 내가 지치지 않아.'

분노는 말한다. '어서 나를 도와줘! 일을 잘 마무리해서 나의 이미지를 유지해야 해!'

상대방에게 분노함으로써 상대방이 내가 원하는 일을 하도록 압박하는 것이다. 이때 상대방은 나의 도구가 되어 나를 대신해 일하고 나의 염원을 실현한다. 분노는 상대방을 도구로 삼는다. 상대방이 반려자, 부모, 자녀 등 가족일지라도 나의 이미지를 유지하는 도구가 된다.

사람은 다른 동물이나 식물처럼 더 많은 자원을 차지하고 원하는 바를 실현하고 욕구를 충족하고자 하는 속성을 지닌다. 이것이 바로 우리가 상대방에게 자아가 있는 것을 허락하지 않는 이유다. 상대방에게 자아가 있다면 다른 믿음이 있다는 뜻이고, 서로의 규칙이 충돌하면 나를 돕지 않을 수도 있기 때문이다.

이는 우선 나의 상황이나 여건을 유리하게 만들어야 한다는 생존 본능에 부합한다. 잠재의식이 원하는 이미지를 유지해야 다른 사람을 위해 무언가를 할 수 있다.

그림자 회피의 대가

따라서 분노할 때 상대에게 많은 것을 요구한다.

내가 당신을 비방하고 폭력적인 모습을 보여도 나의 기분이 좋아질 때까지 받아들여야 해.

내가 엉망진창이라고 말하지 마.

당신은 나쁜 사람이고 나는 좋은 사람이라고 인정해.

당신도 스스로에게 나와 같은 요구를 해야 해. 당신이 내 일을 해서 나의 부담을 줄여 주어 좋은 사람이라는 나의 이미지를 유지시켜야 해.

이런 것들은 그림자 인격을 회피하고 밝은 이미지를 유지하는 방법이다. 분노를 이용해 이렇게 많은 목적을 실현할 수 있다니 사람의 위대함에 감탄하지 않을 수 없다. 하지만 그림자 인격을 배척하는 과정에서 '이상적인 이미지를 실현했다'는 우월감을 체험하지만 커다란 대가를 치를 수 있다.

대가 1. 좌절과 실패

밝은 이미지를 유지하고 싶다면 에너지를 많이 소비해서 자신의 또 다른 부분을 밀어내야 한다. 이는 왼팔로 오른팔을 잘라내는 것과 마찬가지다. 하지만 결국 아픈 사람은 자기 자신이다. 그림자 인격이 싫어도 나의 일부다. 격렬하게 배척할수록 그림자 인격은 더 꼭 달라붙어 결국 나의 결점을 깨닫고 좌절한다.

대가 2. 존재감 상실

어두운 면을 배척하는 것은 분열의 방어기제다. 나의 반을 포기하면 나는 완전하지 않다. 또 삶에서 그림자 없이 햇살만 있다면 햇살이 가져다주는 의미에 감동할 수 없고 오히려 더 많은 공허함을 느낀다.

대가 3. 관계 파괴

두 사람의 관계에서 어두운 면을 감당하는 사람이 있다. 내가 감당하지 않으면 상대방이 그만큼 어두운 면을 감당한다. 하지만 모두 자신이 망가지길 바라는 사람은 없다. 시간이 지나면 어두운 면을 감당하던 사람은 언젠가는 상대방을 떠나게 된다.

삶의 모든 면이 다 좋아 보이는 사람들이 있다. 적극적이고, 밝고 긍정적인 에너지가 넘치는 이들은 즐기기만 할 뿐 다른 사람들과 깊은 교류는 원하지 않는다. 이들은 평범하거나 엉망인 또는 다른 사람보다 못한 자신의 그림자 인격을 배격하기 때문이다. 이들은 자신의 고민과 단점, 그리고 다른 사람의 훌륭한 점도 논하지 않는다. 자신보다 훌륭한 사람과 함께하면 자신의 단점이 부각되고 자신의 그림자 인격을 감당하고 싶지 않은 것이다.

지금까지 자신의 잘못을 인정하지 않았다면 상대방이 잘못을 인정해야 한다. 자신의 이기심을 인정하지 않았다면 상대방이 자신이 이기적이라고 인정해야 한다. 두 사람 다 이기적인 사람이 아닌데 함께하면 이상해진다. 자신이 향상심이 뛰어난 사람이라고 생각하면 상대방에게 향상심이 부족하다는 걸 인정하라고 압박한다. 이 상황이 계속되면 상대방은 나쁜 경험을 한다.

분노를 통해 알 수 있는 것

분노는 기회다. 분노를 통해 자기 자신의 좋아할 수 없는 면을 들여다볼 수 있다. 그것을 찾은 후 스스로에게 물어보자.

이렇게 나 자신이 싫은가?
나의 그림자 인격은 정말 그렇게 나쁜가?

그림자 인격을 감추고 피하기 위해 어떤 대가를 치렀는가?
훌륭해 보이는 당신은 정말 기쁘게 살고 있는가?
이것이 당신이 원하는 것인가?

그림자 인격도 나의 진실하고 중요한 일부다. 이를 받아들일 때 자신을 아끼고 사랑하는 법을 배울 수 있다.

☑ 내 마음속 분노 살펴보기

1. 분노했을 때 타인에게 붙인 라벨을 찾아보세요. 다음 문장을 완성하고 큰소리로 읽으며 어떤 기분이 드는지 생각해 보세요.

　　나는 _____ 한 당신이 싫어! _____ 한 당신을 받아줄 수 없어!
　　당신은 _____ 해 보이지 않도록 노력해야 해!
　　나는 _____ 인 나도 싫어! 나는 _____ 인 나를 받아줄 수 없어. 내가 이렇게 노력하는 것은 내가 _____ 해 보이지 않기 위해서야!

2. 자신의 그림자 모습을 어떻게 배척했나요? 어떤 방법으로 자기 요구를 했나요?

3. 이 그림자 인격을 배척하고 어떤 대가를 치렀나요?

5장

내가 울적하면
너도 울적해야 해
:분노는 감정의 연결이다

내가 즐겁지 않으니
당신도 즐거우면 안 돼

분노했을 때 상대방이 어떻게 해야 나의 분노가 사그라들까?

분노할 때는 상대방의 행동을 바꾸고 싶다. 그리고 상대방이 행동을 바꾸면 분노가 가라앉을 거라고 여긴다. 그래서 분노를 이용해 상대방의 행위를 통제하고자 한다. 하지만 실질적으로 그렇지 않다.

많은 경우 상대방의 행동이 바뀌어도 나는 여전히 분노한다. 예를 들어 손님 초대 준비로 나는 주방에서 너무 바쁘게 식사를 준비하고 있다. 그런데 남편은 거실에서 한가하게 텔레비전만 보고 있다면 화가 올라오기 시작한다. 그래서 남편에게 왜 청소 등을 도와주지 않냐고 비난한다. 남편은 "알겠어. 당신을 위해서 청소해야지."라고 말하고 청소를 시작한다.

남편이 내 말을 듣고 행동에 변화를 주었다. 그래서 나의 화가 사라졌을까? 그렇지 않을 것이다. 아마 남편에게 이렇게 말할 것이다. "나를 위해 청소한다는 게 무슨 뜻이야! 청소는 당신이 해야 하는 일이잖아!" 남편의 행동뿐 아니라 그의 생각까지 바꾸고 싶어 한다. 남편에게 '집안일은 당신의 책임이다'라는 가치관을 요구하며 남편의 생각까지 통제한다.

남편은 이제 생각까지 바꾸고 집안일도 자신의 책임이라고 생각한다. 그런데 오늘 남편은 10분 만에 청소를 끝내고 테이블까지 정돈했다. 일을 마친 남편은 또다시 텔레비전을 본다.

남편은 행동을 바꿨고 생각도 변했다. 다만 그는 가뿐히 일을 끝냈고 나는 여전히 주방에서 바쁘게 움직인다. 이때 나는 남편에게 만족할 수 있을까? 아마도 속이 답답할 것이다. 쉬고 있는 남편을 보며 남편이 능동적으로 일을 찾아서 하지 않고 나의 고생을 이해하지 못한다고 생각한다. 남편도 나처럼 바쁘고 피곤하고 좌절을 느껴야 만족스럽고 나의 분노를 접을 수 있다. 이때 내가 바꾸고 싶은 것은 그의 '감정'이다.

분노할 때 상대방의 '행위'와 '생각'을 통제하고 싶을 뿐 아니라 '감정'의 통제까지 원한다. 상대방이 나와 똑같이 에너지를 소모하길 바란다. 즉, 분노하면 상대방이 자신보다 즐거운 것을 용납할 수 없다.

'타인의 행복 불수용 증후군'

비슷한 상황이 또 있다. 어느 날 지치고 심란한 마음으로 퇴근했는데 아이는 신나게 텔레비전을 보고 있다. 이때 어떤 기분이 들까? 나는 차가운 말투로 아이에게 묻는다.

"숙제 다 했어?" 아이가 의기양양하게 "진작 다 했어요!"라고 말한다면 또 어떤 기분일까? 스스로 숙제를 끝낸 아이의 자발적인 태도를 칭찬할까? 아니다. 또 다른 질문을 던질 것이다.

"피아노는 연습했어?" 아이가 연습했다고 대답하면 화제를 바꾼다. "바닥이 이렇게 지저분한데 왜 정리하지 않는 거야! 어른들은 매일 정신없이 일하고 지친 몸으로 돌아오는데, 알아서 정리 정돈할 수 없어?" 아이가 속상한 마음으로 텔레비전 전원을 끄고 정리 정돈을 하기 시작하자 그제야 만족스럽다.

여기에서의 중점은 나는 이제야 만족스럽지만, 정작 아이가 '행복하지 않다는 것'이다. 만약 아직도 아이가 매우 즐겁게 휘파람을 불며 정리 정돈을 한다면, 지금 나의 화는 사라지지 않는다.

집안일을 하는 사람은 텔레비전을 보는 사람이 불편하다. 텔레비전을 보는 사람은 즐겁고 집안일을 하는 사람은 고생스럽기 때문이다. 이때 집안일 하는 사람은 상대방의 즐거움이 사라질 때까지 잔소리한다. 여기에서의 중점은 상대방이 즐거우면 안 된다는 것이다. 만약 상대방이 즐거운 마음을 유지한다면 나의 짜증과 화는 사라질 수 없다.

다른 사람이 나보다 더 잘살고 내 앞에서 의기양양한 모습을 보이면 매우 불편하고 상대방을 폄하할 이유를 찾는다. '뭐가 대단하다고 자신이 넘치는 거야!' 이 과정을 '질투'라고 부른다. 행동 측면에서 질투는 나보다 훌륭한 모습을 지닌 다른 사람을 두고 볼 수 없다. 이런 경우 몰래 방해를 하거나 수작을 부려 상대방을 곤란에 빠뜨리기도 한다.

감정적 측면에서 질투는 나보다 즐거운 사람을 마냥 두고 보지 못한다. 이때 지적이나 분노를 통해 상대방의 즐거운 감정을 없애고 나와 똑같이 불쾌하게 만든다. 나는 이 과정을 '타인의 행복 불수용 증후군'이라고 부른다.

나와 상대의 심리적 균형

동료, 이웃, 친구 등 다른 사람의 행복한 모습을 마냥 기쁘게 받아들이지 못하는 것은 아주 흔한 현상이다. 우리는 알게 모르게 경쟁 관계인 그들이 자신보다 조금 덜 잘 지내길 바란다.

분노는 에너지가 비교적 낮은 상태로, 이때 분노는 '지금 나는 즐겁지 않아! 그러니까 지금 당신도 즐거우면 안 돼!'라는 의미를 가진다. 상대방이 가장 가깝고 사랑하는 사람이라도 이 규율을 준수해야 한다. 이성적으로는 자신과 가까운 사람이 건강하고 행복하며 편안하고 유쾌하길 바란다. 하지만 분노하면 이성을 잃고 상대방이 슬프고 울적하길 바란다.

사악하게 들릴 수도 있겠다. 그런 자신을 받아들이기 어렵겠지만 잠재의식은 '합리화'라는 방어기제를 이용해 '다 너를 위해서야!'라며 위장한다. 그러므로 자신이 즐겁지 않을 때 잠재의식은 상대방도 즐겁지 않길 바란다. 그 목적은 '내가 즐겁지 않으니 당신도 즐거우면 안 된다'라는 심리적 균형을 위해서다.

상대방의 빈곤한 현실을 이해하면서도 그에게 더 성장하고 고생, 불안, 바쁜 생활을 경험하라고 요구한다. 나와 같아질 때까지 '나는 아직 부족해'라는 느낌을 계속 체험하라는 것이다. 상대방이 부유해진 후에 성장에 힘쓰지 않는다면 그에게 또 언젠가는 위태로운 시기가 올 거라며 자신과 같이 불안한 감정으로 만들어야 만족한다.

똑똑하지 않은 자녀를 받아들이지만 아이에게 성실한 태도와 좌절을 만나도 포기하지 않는 자기 강요, 그리고 하고 싶지 않아도 해야 하는 억울함을 가르친다. 아이가 자신처럼 자기 학대 정신을 갖길 바라기 때문이다.

분노할 때 상대방이 무엇을 했는지는 중요하지 않다. 중요한 것은 그가 어떤 감정을 겪었는지, 그가 즐거운가이다. 상대방이 나처럼 즐겁지 않아야 '이래야 나 혼자 비참하지 않아'라고 생각하며 심리적 균형을 찾는다.

분노는 상대의 감정을 통제한다

분노를 이용해 상대방을 공격할 때 상대방의 감정은 나와 똑같이 '억압'되어야 한다. 상대방이 초라함, 억울함, 놀라움의 감정을 표출하면 안 된다. 만약 상대방이 초라하고 억울하며 굴복한 모습을 마음 편히 드러내면 나는 화가 난다. 억울하고 초라해진 느낌을 솔직하고 편안하게 드러내는 것은 원래 유쾌한 일이기 때문이다. 나는 이렇게나 지치고 억울했는데도 전혀 드러내지 않았는데 어떻게 상대방이 먼저 표현할 수 있지? 상대방은 억울했어도 그 감정을 누른 채 자신을 억압해야 한다!

감정적 쾌적도는 얼마나 순조롭고 막힘이 없는지에 달려 있다. 감정에 솔직할수록 감정 흐름도가 좋아지고 감정적 쾌적도도 높아진다. 반대로 감정을 이야기할 수 없고 해결하거나 드러낼 수 없을수록 쾌적도는 낮아진다.

불안, 억울함, 속상함, 자괴감 등 부정적인 감정을 드러낸다고 해도 자신의 감정을 솔직하게 마주하고 인정하고 표현할 수 있다면 그것은 유쾌한 일이다. 분노 감정을 솔직하게 드러내면 속이 후련한 유쾌함을 느낄 수 있다.

따라서 분노할 때 상대방을 향한 요구는 이렇다. '당신의 감정을 참아! 마음대로 기뻐하지 말고, 마음대로 슬퍼하지 마, 감정을

편안하게 드러내지 마!'

지금 이 순간, 내가 기쁘지 않으니 타인도 기뻐하면 안 되는 것
이다.

☑ 내 마음속 분노 살펴보기

1. 분노했던 순간 기분 나빴던 이유를 찾아보세요. 분노를 일으
   킨 일 외에 다른 이유가 있나요?

2. 지금 상대방이 하고 있는 일이 어떻게 그를 유쾌하게 하나
   요?

3. 두 사람의 기분이 어떻게 다른지 생각해 보세요. 이에 대해
   어떤 생각이 드나요?

분노는
상처를 포장한다

😞 😖 😫

분노는 언짢음이지만 언짢음이라는 하나의 감정만 있는 것이 아니다. 분노는 좌절감, 억울함, 무력감, 두려움, 고독감, 불안 등 여러 감정으로 덮여 있다. 예를 들어 유난히 울적한 기분으로 퇴근한 어느 날, 아이는 웃으며 텔레비전을 보고 있다. 이 상황을 접했을 때 첫 번째 반응은 분노다.

"왜 또 텔레비전을 보는 거야!" 하지만 이 상황에서 느낄 감정을 곰곰이 생각해 보자. 분노 속에 또 어떤 감정이 있을까?

분노에 숨겨진 감정

분노의 배후에는 여러 감정이 숨겨져 있다. 위 사례의 경우 이 여성은 아마 좌절감을 느꼈을 것이다. 회사 일이 뜻대로 되지 않앉고 퇴근 후 집에 오니 아이도 내 마음 같지 않다. 순간 '나는 잘하는 것이 아무것도 없다'는 생각이 들어 인생이 실패한 것 같고 스트레스가 밀려오며 모든 것이 마음에 들지 않는다. 하지만 그런 좌절감을 삭일 수 없을 뿐 아니라 다른 사람에게 심한 좌절감을 느끼고 있다고 말할 수도 없다. 그럴 때면 분노라는 방식으로 표현할 수밖에 없다.

자신이 처량하게 느껴지기도 한다. 회사에서 사람들은 냉랭하고 경쟁이 치열하다. 아무도 내가 죽고 사는 것에 관심이 없다. 집에 오니 남편은 나에게 관심도 없고 아이는 텔레비전만 본다. 이집에서 눈에 보이지도 않는 공기 같은 존재가 되어 버린 것 같다. 이럴 때 처량함이 엄습해 오지만 소화해 낼 수 없어서 분노로 표출한다.

또 억울하기도 하다. 회사에서 정신없이 일한 것에 비하면 월급이 너무 적다. 무엇을 위해 일하는 걸까? 아이에게 더 좋은 미래를 선물해 주기 위해서다. 하지만 이를 이해해 주는 가족이 있을까? 말 안 듣는 아이는 공부할 생각이 없고 매일 텔레비전만 볼 뿐 엄마가 얼마나 고생하는지 모른다. 이때 억울함을 하소연할 곳이 없으면 분노로 표현할 수밖에 없다.

분노의 배후에 '막막함'도 있다. 가족들이 육아에 참여하지 않으면 집안일을 오로지 혼자 다 부담하는 것 같다. 이런 막막함을 견딜 수 없으면 폭발하고 싶다. '두려움'도 있다. 회사 동료가 업무에 성실히 임하지 않으면 화가 난다. 그 동료 때문에 팀의 실적이 나빠지고 연봉에 영향을 미칠까 봐 두렵다.

분노의 배후에는 '수치심'도 있다. 사람들이 내가 뚱뚱하다고 비웃고, 가난하다고 비웃고, 못생겼다고 비웃으면 화가 난다. 그들의 말이 맞고 그것이 정말 나의 단점이기 때문에 화가 나고 수치스럽다.

분노는 공격적인 감정이다. 분노의 감정에 놓인 사람은 매우 강해 보인다. 분노하는 사람 역시 자신을 그렇게 생각한다. 한편 자신의 행동이 너무 지나쳤고 다른 사람에게 상처를 줬을까 봐 걱정하고 자책한다. 나의 분노를 감당하는 상대는 더욱이 나의 분노가 잘못되었으며 기분을 상하게 한다고 생각할 것이다.

하지만 분노를 표현하는 사람과 분노를 감당하는 사람 모두 분노를 통해 감정 외의 다른 것에 관심을 보이는 경우는 거의 없다. 사실 분노하는 사람이 알아야 할 중요한 사실은 상대방은 상처를 받았다는 것이다.

분노는 상처를 포장하고 있다. 다만 분노한 사람은 자신의 '상처'를 표현할 방법이 없다. 심지어 자신의 '상처'를 의식하지 못하며, 다른 사람이 알게 하고 싶지도 않기에 분노를 이용해 자신을 보호하고 계속 자신에게 상처를 주는 자극의 원인을 막아 내고자 한다. 우리가 분노하는 이유는 우리의 '나약함'이 활성화됐기 때문이다.

분노한 사람은 온몸에 뾰족한 가시가 가득한 고슴도치와 같다. 고슴도치의 가시를 젖혀 보면 부드러운 가죽과 살이 보이듯이, 분노는 연약한 마음과 상처받은 자신을 보호하고자 한다.

분노는 '보호를 위한 감정'이다. 분노의 배후에는 다양한 형태로 상처받은 수많은 내가 있다.

나약함을 해결하는 건강한 방식

나약함을 해결하는 건강한 방식은 우선 자신의 나약함에 진실해야 한다는 것이다. 다른 사람은 나의 상처를 모를 수 있고 나의 상처에 신경 쓰지 않을 수 있지만 나 자신은 신경 써야 한다.

분노한 자신의 나약함을 보려는 사람은 없다. 하지만 나 자신은 나의 나약함을 봐야 하며, '지금 내가 무엇을 해야 더 좋아질지' 생각하고 결심해야 한다. 이것이 바로 자기 사랑의 진리다. 누가 옳고 그른지보다 나의 기분과 감정, 그리고 내가 더 편안해지는 방법이 더 중요하다. 분노를 해결하는 가장 좋은 방식은 나약함을 해결하는 것이다.

나약함을 해결하는 가장 좋은 방법은 '하소연'과 '경청'이다. 다른 사람에게 나의 이야기를 들려주며 억눌린 감정을 배출하고 "사실 나는 억울해!"라고 말하면 억울함이 반으로 줄어든다. 또

"에너지를 계속 소모해서 너무 지쳤어."라고 말하면 피로감이 줄어든다. 또 "나는 너무 형편없는 것 같아. 자신감이 떨어져."라고 말하면 자존감이 다시 올라간다. 이처럼 나약함을 직접 드러내면 다른 사람의 이해를 구하기 쉽고, 위로도 받을 수 있다.

그런데 우리는 분노하는 순간 타인의 이해를 바라지만 분노라는 위장 때문에 그들은 분노에 가려진 나의 마음속 나약함을 볼 수가 없다. 따라서 정말 이해받고자 한다면 나약함을 드러내는 방법을 배워야 한다.

먼저 자신의 나약함의 '원인'을 알려 준다. 두려움이나 막막함을 느낄 때 상대방에게 왜 그런 기분인지 알려 줘야 한다. '내가 말하지 않아도 이해할 거야.', '이런 상식은 누구나 다 알지.'와 같은 환상은 접어 두자. 나약함의 원인을 상대방에게 자세히 들려주면 이해받을 가능성이 커진다.

그리고 상대방의 나약함에 관심을 갖는다. 먼저 상대방의 나약함에 관심을 기울이고 자신의 나약함을 드러내면 두 사람 사이의 나약함이 움직이기 시작한다. 나약함이 서로를 향해 움직여야 진정한 감정이 유발된다. 서로의 나약함을 느끼면 분노를 일으킨 그 일은 더 이상 중요하지 않고 서로를 향한 진심이 가장 중요하다는 것을 깨달을 수 있다.

☑ 내 마음속 분노 살펴보기

1. 분노의 배후에 또 어떤 감정이 숨겨져 있나요? 당신의 나약
   함은 무엇과 관계있나요? 그 감정과 원인을 적어 보세요.

2. 자신의 나약함에 어떻게 대처했나요?

3. 다음 문장을 완성하고 어떤 기분이 드나요?

   나는 당신에게 화났어. 동시에 나도 _____ 한 것 같아. (나
   약함의 종류)
   나는 계속 _____ 와/과 같은 일을 해왔어. 이것 때문에 나
   는 _____ 한 것 같아. (나약함의 종류)

4. 이러한 나약함을 지닌 자신을 어떻게 생각하나요? 이 나약함
   에 대해 어떤 행동을 하고 싶은가요?

분노는
바이러스처럼 감정을 전달한다

😞 😟 😣

　분노는 타인에게 하는 요구로 하나의 장점이 있다. 바로 상대방에게 자신과 동일한 행동을 요구하고, 자신과 동일한 '자기 요구'를 바라며 자신과 같은 감정을 갖게 하는 것이다.

　한 학생이 말했다. "어머니의 통제 때문에 화가 나요. 어머니는 항상 이것저것 지적하며 제가 뭘 해야 하고, 뭘 하면 안 되는지 요구하세요."

　어머니가 통제하고 경계를 침범했다는 것은 기분 좋은 일로 들리지 않는다. 하지만 '지적'하는 어머니가 얼마나 기분 좋은지 알고 있는가? 그 순간 어머니는 마치 세상을 호령하듯 풍부한 언어로 신나고 통쾌하게 통제한다. 그렇다면 통제받는 나는 어떠할까? 자유 의지가 속박된 것 같은 답답함을 느낄 것이다.

감정의 전달과 전이

이런 답답함의 외재적 원인은 어머니의 통제다. 그렇다면 자신의 원인은 무엇일까? 어머니를 존중해야 하고, 어머니의 기분을 살펴야 하며, 어머니와 대적하면 안 되고 어머니에게 상처를 주면 안 된다는 자기 요구다.

'억제'라는 자기 요구가 자신을 답답하게 만든다. 이 답답함을 표현하지 못하면 어머니를 향한 분노로 변한다.

　"저를 통제하면 안 돼요!"
　"어머니도 당신을 억제해야 해요!"

이러면 상대방도 나와 같은 답답함을 느끼게 된다. 그리고 나는 어머니가 말할 수 없을 정도로 답답함을 느껴야 만족한다. 내가 경험한 답답함이 어머니에게 돌아갔다. 따라서 분노는 전달체의 역할을 한다. 표현할 수 없고, 의식하지 못한 나약한 감정이 분노를 통해 상대에게 전달되고, 상대도 그 나약함과 부정적인 감정을 경험한다.

분노한 사람의 감정은 바이러스처럼 공기 중에서 어지럽게 날아다니고, 면역력 없는 상대방이 가까이 가면 분노의 감정에 감염된다.

분노는 매우 정확하게 전달된다. 분노의 배후에는 여러 가지 나약한 감정 경험이 자리하고 있는데 분노할 때 상대방이 똑같은 나약함을 경험하도록 할 수 있다.

집에 온 후 텔레비전을 시청하는 아이를 보면 화가 난다. 이때 감정의 배경에 따라 분노의 이유와 요구가 달라진다.

분노의 배후가 '좌절감'이라면 아이에게도 '나는 부족한 사람이야'라는 좌절감을 안겨 주려 하고 부정적인 언사로 분노를 드러낸다. "제대로 하는 것 하나 없이 하루 종일 텔레비전만 보잖아! 숙제도 그런 식으로 해놓고 시험 성적도 엉망인데 텔레비전을 볼 마음이 생겨!" 이런 식의 분노에 아이는 자신이 형편없다고 생각하고 좌절감을 경험한다.

분노의 배후가 '처량함'이라면 아무도 자신에게 관심이 없다고 생각한다. 그러면 아이에게도 '나는 쉴 새 없이 할 일을 하는데도 아무도 나에게 관심이 없어'와 같은 처량함을 느끼게 한다. 무엇을 어떻게 해야 한다고 끊임없이 지적하면 아이는 자신이 관심을 받지 못한다고 느낀다. "하루 종일 텔레비전만 보고, 집안일도 도울 줄 모르잖아! 집이 이렇게 엉망진창인 것 안 보이니? 어른들을 조금도 이해하지 못하겠어?" 이런 분노 앞에서 자녀는 집안일이 자신보다 더 중요하고 자신에게 관심 갖는 사람이 없다고 생각한다.

분노의 배후가 '억울함'이라면 아이에게 모든 노력이 부정당하는 기분을 느끼게 한다. "너는 하루 종일 아무것도 하지 않는구나! 먹고 놀기만 할 줄 알지, 언제 철들래!" 그러면 아이는 자신이 한 많은 일이 의미 없고, 엄마는 자신을 알아 주지 못한다고 생각하여 자연스레 억울함을 느낀다.

분노할 때 무엇에 치중하고 어떻게 표현하는지에 따라 나의 기분 나쁜 경험이 모두 아이에게 정확하게 옮겨 간다.

배가되어 전달되는 감정

재미있게도 분노를 받아 주는 사람은 가만히 있지 않는다. 아무도 감정 쓰레기를 줍고 싶지 않다. 기분 나쁘고 나약한 감정을 상대방에게 내던지면 상대방은 그런 감정을 받아 줄 생각이 없다. 그래서 상대방은 또 다른 반응을 보이며 다시 나에게 그 감정을 던진다. 나를 지적하고, 트집 잡고, 조롱하고 나와 멀어지는 것이 대표적인 예이다.

워크숍에서 한 여성이 말했다. "남편이 출장 갔다가 돌아온 시간이 저녁 9시였어요. 그런데 남편은 바로 집에 오지 않고 동료와 밥을 먹겠다고 해서 화가 났어요. 그래서 남편에게 '알았어, 가 봐!'라고 차갑게 말했어요."

이 냉랭한 대답에 그녀의 남편은 어떤 기분이 들었을까? 아내가 냉담하게 말했다고 생각할 것이다. 사실 아내는 표현할 수 없었던 소홀한 대접을 받은 기분을 그대로 남편에게 던진 것이었다.

'출장 갔다가 9시에 돌아오는 당신을 이렇게나 기다렸는데 바로 집에 오지 않고 다른 사람과 식사를 하다니, 나를 너무 무시하는 것 같아!' 그래서 그녀는 남편에게 차갑게 말했고, 남편도 냉랭한 기분을 느꼈다.

남편이 아내의 화가 담긴 말을 모를까? 하지만 그런 차가운 느낌을 받아들이고 싶지 않다. 그래서 냉대를 당한 그는 새로운 공격을 시작한다.

"고마워, 그럼 가 볼게."

이 말에 아내는 또 어떤 기분일까?"

"반어법도 못 알아들어? 고맙다니, 정말 최악이야!"

아내는 더욱 냉랭해진 기분을 경험한다. 이렇게 냉랭함이 두 사람 사이를 오간다. 무시받은 기분을 느낀 후 상대방을 무시하며 냉랭함을 전달하자, 더 배가된 냉랭함을 경험한다. 하지만 누구도 "당신은 너무 차가워, 나 상처받았어."라고 먼저 말하지 않는다. 그렇게 갈등은 더 격화되고 아내는 참지 못하고 남편에게 폭발한다.

"매일 먹고 놀기만 하고, 집안은 전혀 신경 쓰지 않잖아!"

아내의 말에 남편은 오해받았다는 생각이 들고 억울하다.

"일하는 거잖아. 그걸 먹고 노는 거라고 할 수 있어?"

하지만 남편은 억울함을 드러내지 않는다. 약한 모습을 보이고 싶지 않은 그는 아내가 오해를 경험하고 억울함을 느낄 말로 대답한다.

"당신에게 사실대로 말하는 것이 아니었어. 차라리 예전처럼 거짓말하는 게 나아. 사실대로 말해도 화를 내고 나를 이해하지 않잖아."

두 사람은 서로의 분노 속에서 거절당했다는 상실감과 오해받았다는 억울함이 쌓인다. 겉으로는 시끄럽게 말다툼하고 있지만 사실 서로에게 나약함을 전달하고 있는 것이다.

☑ 내 마음속 분노 살펴보기

1. 상대방에게 분노를 표현한 후 상대방이 어떤 감정을 경험했다고 생각하나요?

2. 상대방이 겪은 감정이 당신에게 익숙한가요?

3. 상대방이 이런 감정을 받아들인 후 당신에게 어떻게 할 것이라고 생각하나요?

4. 이때 당신은 또 무엇을 경험했나요?

상대방의 감정이
나와 같아졌을 때

사람들은 상대방이 자신보다 유쾌하면 질투한다. 상대방이 나처럼 억눌리기를 바라고 나와 동일한 감정을 유지하길 바란다. 타인이 나와 같은 감정을 경험하도록 하면 어떤 장점이 있을까?

첫째, 심리적 균형이다. 질투는 인류의 원시적인 감정 중 하나다. 어느 날 어떤 사람이 운 좋게도 신을 만났다. 신이 그에게 말했다.

"지금부터 너의 어떤 소원이든 들어주겠다. 하지만 동시에 너의 이웃은 네가 받은 것의 2배를 얻을 것이다." 그 사람은 신의 말을 듣고 매우 기뻐했다. 하지만 곰곰이 생각해 보니 기분이 썩 좋지 않았다. '만약 내가 금 한 상자를 얻으면 이웃은 두 상자를 얻는구나. 내가 아내를 맞이하면 이웃은 두 명의 아내를 맞이하잖아!'

그는 어떤 소원을 말할지 도무지 생각이 나지 않았다. 이웃이 자신보다 더 많이 받는 것을 도저히 용납하기 어려웠기 때문이다. 결국 그는 이를 악물고 신에게 말했다.

"신이시여, 저의 눈 하나를 파내 주소서!"

우리 마음에는 억울함, 외로움, 억압, 불안이 내재되어 있다. 그런데 상대방은 자신감, 즐거움, 활기가 넘치고 이 때문에 우리는 기분이 언짢다. 우리는 본능적으로 상대방이 유쾌함을 느끼지 못하고 나처럼 기분을 망쳤으면 한다.

사회에는 전염병에 걸리면 다른 사람에게 옮기려고 하거나 자신이 받은 상처를 똑같이 주려는 사람들이 있다. 그들의 내면을 들여다보면 억울함, 상실감, 아픔을 갖고 있지만 하소연할 곳이 없다. 그래서 이런 극단적인 방식으로 타인에게 자신의 감정을 전달하고자 한다. 이런 방식을 통해 그들은 심리적 균형감을 찾고 편안해진다.

타인의 분노를 위로하고 싶다면 알아야 할 것이 있다. 그들 앞에서 어떠한 기쁨, 편안함, 자신감 있는 표정도 드러내서는 안 된다. 최대한 자신의 감정을 그들과 똑같이 조절해야 공감대를 형성할 수 있다.

당신의 '주목'과 '이해'가 필요하다

상대방의 감정이 나와 같아졌을 때의 두 번째 장점은 상대방이 자신의 세계에서 빠져나와 나를 볼 수 있다는 것이다.

상대방이 즐거운 일에 푹 빠져 있으면 나에게 관심이 없다. 나는 청소를 하는데 상대방은 텔레비전을 본다면 그는 나를 보지 못한 것이다. 숙제 지도를 해 줘도 아이가 상관없다는 태도를 보인다면 나는 외면당하고 있는 셈이다.

상대방의 관심과 주목이 필요하다면 분노라는 수단을 이용해 상대방을 유쾌함의 감정에서 꺼낼 수밖에 없다. 잠재의식은 '당신이 하고 있는 일을 멈추고 당신의 즐거운 감정을 끊어낼 거야. 그러면 내가 보일 거야.'라고 생각하기 때문이다.

상대방이 나에게 주목하면 이해받을 기회가 생긴다. 분노하는 사람은 '이해'를 갈망한다. 그러므로 이해받는다는 것은 상대방의 감정이 나와 같아진 후의 세 번째 장점이다.

이해받지 못하는 기분을 경험하는 이유는 타인과 나의 경험, 그리고 느끼는 기분과 감정이 다르기 때문이다. 흥분한 사람은 기력이 저조한 사람을 이해할 수 없다. 편안한 사람은 불안한 사람을 이해할 수 없다. 자신을 중요시하는 사람은 자신을 중요시하지 않는 사람을 이해할 수 없다.

따라서 우리는 "내가 겪어온 것을 경험하지 못했으니 나를 이해하지 못할 거야."라고 자주 말한다. 그것은 반대로 "당신이 내가 겪은 것을 겪는다면 나를 이해할 수 있잖아?"라는 말이다.

나의 마음이 괴로울 때 상대방의 이해가 필요하다. 그러면 상대방이 나와 같은 기분을 느낄 방법을 찾는다. 나 자신을 대하듯이 상대방에 대해서 나와 같은 경험과 감정을 온몸으로 느끼게 하는 것이다. 그래서 분노는 이렇게 말한다. '당신이 나와 같은 기분이어야 해. 그래야 당신이 나를 이해할 수 있어.'

내가 불안하면 상대방이 불안할 때까지 재촉한다. 내가 긴장하면 상대방도 긴장하도록 겁을 준다. 항상 실수할까 봐 조심스럽게 사는 나는 상대방이 실수하면 그 결과를 과장해서 조심스러운 사람으로 변하도록 한다. 상대방도 불안해져야 내가 어떤 삶을 사는지 알게 될 것이다.

당신과 친밀해지고 싶다

이해받을 때 가장 좋은 점은 외롭지 않다는 것이다. 이는 나와 상대방의 감정이 일치할 때의 네 번째 장점인 '친밀함'이다.

내가 고생하면 상대방이 함께 고생하도록 끌어들인다. 그러면 나는 혼자 고생하지 않아 외롭지 않다고 생각한다. 내가 힘들면 누군가 함께 고생하고, 내가 즐거울 때 누군가는 나와 함께 즐겁다. 내가 햄버거를 먹을 때 누군가 함께 햄버거를 먹고, 내가 콜라를 마시면 누군가 같이 콜라를 마신다. 얼마나 행복한 경험인가.

사람들은 타인이 쉬는 것을 못 보고, 타인의 편안한 모습을 못 본다. 타인이 자기 자신을 사랑하거나 자신감이 넘치는 모습을 못 본다. 이런 것들은 "당신은 나와 똑같은 기분을 느껴야 해. 우리의 기분이 똑같아야 우리 사이가 가까워져."라고 말한다. 분노한 사람은 두 사람의 고통이 한 사람의 고통보다 훨씬 낫다고 생각한다.

그러므로 분노는 사랑에 대한 갈망이기도 하다. '질투'라는 두 글자는 지금까지 부정적인 감정 색채로 인류의 사전에 기록되어 왔다. 너그럽지 못하고 포용성이 없으며 계산적인 마음의 대명사였다. 사실 질투는 매우 강한 생존의 의미를 지닌다. 그 생존의 의미는 '구애'다.

'나는 당신보다 부족하면 안 되고, 당신보다 뒤떨어지면 안 돼. 그래야 내가 안전하니까. 당신은 반드시 나처럼 부족하고 나처럼 괴로워야 내가 사랑받을 수 있어.'

☑ 내 마음속 분노 살펴보기

1. 분노의 배후에 또 어떤 나약한 감정이 숨겨져 있었나요?

2. 상대방에게 다음의 말을 표현해 보세요.

나의 기분은 _____ 야, 당신도 _____ 을/를 느끼길 바라.

만약 당신도 _____ 을/를 느끼면, 나는 그다지 괴롭지 않을

거야.

만약 당신도 _____ 을/를 느끼면, 당신이 나를 이해한다고

느낄 거야.

만약 당신도 _____ 을/를 느낀다면 그렇게 외롭지 않을 거

야.

3. 그렇게 표현하면 어떤 기분이 드나요?

6장

걱정이
분노로 표출된다
:분노는 두려움이다

이성적일수록
쉽게 분노한다

사람들은 행동할 때 2가지 원칙을 준수한다.

• 편안함의 원칙

• 올바름의 원칙

편안함의 원칙을 지키는 사람들은 유쾌함, 편안함, 안락함을 기준으로 행동하고 결정한다. 편안함을 주는 일이라면 올바르지 않아도 대가를 감당한다. 하지만 편안하지 않은 일이라면 올바른 일이어도 하지 않는다.

올바름의 원칙을 지키는 사람은 올바름, 적합함, 합당함이 결정의 기준이 된다. 올바르다고 생각하는 일은 편안하지 않더라도 한다. 올바르지 않은 일은 편안하더라도 하지 않는다. 예를 들어 드라마 시청이 그렇다. 편안함의 원칙을 기준으로 행동하는 사람은 드라마가 재미있으면 새벽 두세 시 심지어 더 늦은 시간까지 시청한다. '내일 출근해야 하니 이제 시청을 멈춰야 해.'라고 이성이 알려 줘도 그들의 감성은 '아니야, 멈추고 싶지 않아.'라며 이성에게 반발한다. 그래서 이들은 피곤하고 드라마에 감흥이 없어질 때까지 시청을 계속한다.

올바름의 원칙을 지키는 사람들은 처음부터 매우 절제하는 모습을 보인다. 너무 오랜 시간 드라마를 시청하는 일은 일탈적이고 가치 없다고 생각하기 때문이다. 이들은 다음 날 출근과 건강에 영향을 미칠까 봐 너무 늦은 시간까지 시청하지 않는다. 자신의 감성이 더 시청하자고 해도 더 이상 보지 않는다. 혹 드라마를 늦은 시간까지 감상했다면 잘못된 행동을 했다는 생각에 자책한다.

2가지 행동 원칙의 관계

사람의 마음은 복잡해서 편안함의 원칙과 올바름의 원칙을 동시에 가지고 있기도 하다. 결정을 내릴 때 두 원칙을 모두 결정에 적용시키려 하지만 결국 한 원칙만 결정권을 행사한다. 예를 들어 어머니가 무엇을 해야 하고 무엇을 하면 안 되는지 설명하며 항상 자녀를 통제한다고 생각해 보자.

편안함의 원칙을 지키는 사람은 자신의 감정을 보호할 수 있는 행동을 한다. 이들은 괴로운 시간이 빨리 끝나도록 재빨리 말대

답, 반박, 호통, 위협의 방식으로 어머니의 통제를 막는다. 자신의 능력이 어머니의 통제에 맞설 능력이 없으면 '멀어지기' 또는 '연락 두절' 등의 방법을 선택해 편안함을 추구한다. 이들은 편안함의 원칙에 따라 결정하고 행동하지만 올바름의 원칙 때문에 행동이 지나쳤다거나 올바른 선택이 아니라고 자책하기도 한다.

올바름의 원칙을 지키는 사람은 억울하지만 맞다고 생각하는 일을 한다. 이들은 '부모님께 상처를 주면 안 된다', '효도해야 한다' 등의 원칙에 따라 자신의 의지를 거스르고 원하지 않는 행동을 한다. 불편함을 느끼고 자신의 감정을 보호하고 싶으면 '올바름'을 보장한다는 전제하에 감정을 보호한다.

편안함의 원칙과 올바름의 원칙은 절대적으로 충돌하는 관계가 아니다. 그래도 두 원칙이 상충되는 일은 많다. 운동, 야근, 싫어하는 상사에게 보고하기와 같은 일은 맞는 일이지만 고통스럽다. 이런 경우 편안함의 원칙을 따르는 사람도 있고 올바름의 원칙에 따라 지속하고 버티는 사람도 있다.

두 원칙이 서로 충돌할 때 나에게 더 중요한 원칙이 나의 행동 방향을 결정한다.

감성과 이성이라는 2개의 견인력

편안함의 원칙과 올바름의 원칙은 2가지 견인력과 대응한다.

- 감성의 견인
- 이성의 견인

편안함의 원칙을 지키는 사람은 감성에 견인된다. 즉, 이들은 결정할 때 어떻게 해야 기분이 더 좋은지 몸이 알려 준다. 올바름의 원칙을 지키는 사람들은 이성에 견인된다. 이들은 결정할 때 어떻게 하면 맞는지 대뇌가 알려 준다.

같은 일이라도 사람과 시기가 다르면 다른 견인력이 작용한다. 사회생활의 경우 '감성 견인형'은 외로움, 적막함, 무료함 등 감성 때문에 자발적으로 참여한다. '이성 견인형'은 목적과 이익 등 자신이 '맞다'고 생각하는 것을 실현하기 위해 참여한다. 또 집안일을 할 때 어떤 사람들은 가사 노동을 즐기고 만족감과 성취감을 느낀다. 한편 어떤 사람들은 '바닥은 반드시 깨끗해야 한다'라는 이성적인 요구 때문에 집안일을 한다.

같은 일과 사람이라도 시기가 다르면 다른 견인력이 작용한다. 많은 일이 처음에는 즐겁고 열정적이며 즐거움과 편안함도 느끼게 한다. 이때는 감성이 이끈다. 하지만 하면 할수록 소모적이라고 생각하고 좌절감을 느끼며 위축된다. 이때 이성은 '포기하면 안 돼, 버텨내야 해.'라고 말한다. 따라서 이때는 이성이 견인한다.

가장 전형적인 예가 바로 결혼이다. 다른 사람과 함께하기 시작한 초기에는 온종일 행복하다. 이때는 감성이 이끈다. 하지만 함께한 시간이 흐른 뒤 상대방이 귀찮고 성가시고 화가 나면 함께하고 싶지 않을 때도 있다. 하지만 '책임을 져야 해.', '상처를 주면 안 돼.', '마지막까지 함께 해야 해.'와 같은 이성적인 이유가 계속 상대방과 함께 하라고 강요한다.

편안함의 원칙을 주로 준수하는 사람은 조금 더 즐겁고 유유자적한 삶을 누린다. 자신을 곤란하게 만들지 않기 때문이다. 이들은 스트레스를 즉시 해소할 줄 알고 자신의 감정을 보호해서 자신을 불편하게 만드는 일이 거의 없다. 이들은 심리적 감당 능력도 매우 강하다. 비록 이기적이고 믿음직해 보이지 않아도 이것이 그들의 선량함, 상냥함, 유머 감각, 개성에 영향을 주지 않아 많은 사람이 이들을 좋아한다.

올바름의 원칙을 주로 준수하는 사람은 상대적으로 힘들고 억눌린 삶을 산다. 자신을 너무 괴롭게 만들기 때문이다. 이들은 내적 소모가 커서 심리적 에너지가 금방 고갈된다. 또 마음이 포화 상태이고 자극에 대한 감당 능력이 비교적 약해서 쉽게 분노한다. 하지만 착실하고 엄숙하며 박학다식해 보이며 현실에서도 매우 우수하고 믿음직하기 때문에 많은 사람이 좋아한다.

그렇다. 자신이 고수하는 삶의 방식이 자기 자신을 만들고, 남들의 사랑을 받는다. 그런데 안타깝게도 감정을 우선시한다며 자책하다가 또 너무 이성적이면 나쁘다고 생각하는 등 갈피를 잡지 못하는 사람들이 있다. 이들은 어떤 원칙을 따라야 하는지 고민하는 데 너무 많은 시간과 에너지를 소모한다.

쉽게 분노하는 사람의 특징

쉽게 분노하는 사람은 '내재적인 규칙'과 '자기 요구'가 많다. 자신에 대한 요구가 많고 자세할수록 내재적 소모가 빠르고 에너지가 쉽게 고갈된다. 대외적으로도 타인에게도 자신과 똑같이 이성적인 삶을 살라고 통제하고 요구한다.

따라서 쉽게 분노하는 사람은 원칙성이 강한 사람이다. 이들은 매우 이성적이고 주변 사람, 뉴스 속의 사람, 낯선 사람에게 규칙을 준수하라고 요구한다. 전혀 상관없는 사람이 그들의 원칙에 위배되는 일을 해도 분노한다.

그렇다면 나의 삶은 어떤 원칙 위주인지 어떻게 판단할까? 결정하는 과정에서 생각해 볼 수 있다. 나는 편안함과 즐거움이 중요할까, 아니면 올바른 선택, 이익 최대화가 중요할까? 하고 싶은 일은 꼭 해야 할까, 아니면 반드시 해야 하는 일을 할까?

판단하기 어렵다면 스스로에게 또 다른 질문을 해 볼 수 있다. 결과에 상관없이 하고 싶은 선택을 할 수 있다면 그 일을 할까? 하겠다고 선택한다면 감성에 이끌리는 사람이다. 하지만 하지 않겠다고 선택한다면 이성에 견인되는 사람이다.

많은 사람이 올바름의 원칙을 준수할 거라고 예상된다. 그런데 사람들은 왜 올바름의 원칙을 준수하기 위해 이성을 이용할까? 사람들은 왜 학대하듯이 자신을 억누를까? 즐거움을 주는 원칙을 지키면 분노와 멀어지는 것 아닌가?

이는 올바름의 원칙을 이용해 자신을 억눌렀을 때 장점이 많기 때문이다.

☑ 내 마음속 분노 살펴보기

1. 당신의 행동은 왜 올바른 행동이었지만 즐겁지 않았나요? 상대방의 행동은 왜 즐거웠지만 올바르지 않았나요?

2. 다음의 말을 큰소리로 읽어 보세요.

나는 _____ 을/를 하면 불편하지만 올바른 일이라고 생각해!
나는 _____ 을/를 하면 편안하지만 올바르지 않다고 생각해!
당신도 나처럼 올바른 것을 선택해야 해! 편안한 것을 선택할 수 없어!

3. 이 과정에서 어떤 기분이 들었나요?

걱정을
분노로 표현한다

분노는 징벌이다. 내가 잘못하면 벌을 받아야 한다. 그런데 우리가 누군가에게 벌을 내리는 동기는 매우 복잡하다. 어떤 징벌은 상대방이 바로 사라지길 바라고 그의 능력과 의지를 빼앗기를 바랄 정도로 파멸적이다. 어떤 징벌은 상대에게 변화를 요구하고 개선하지 않으면 심각한 결과를 맞이할 거라고 경고하기도 한다. 나를 향한 부모, 교사, 배우자의 분노가 그렇다. 그들은 훌륭한 사람이 되지 못한 나를 보며 안타까움을 느끼고 분노한다.

나의 분노는 '당신이 그렇게 하지 않길 희망한다'라는 뜻이다. 상대방의 어떠한 행동은 '나에게 피해' 또는 '당신에게 피해'를 입히는 결과를 일으킨다. 그럴 때 우리는 분노 메커니즘이 등장해 나를 보호하거나 당신을 보호하는 목적을 달성하길 기대한다.

만약 내가 '당신의 행동이 나에게 피해를 준다'라고 먼저 인식하면 나의 분노는 '당신의 행동은 나에게 피해를 준다'라고 말한다. 이때의 분노는 나를 보호한다. 한편 '그런 행동은 당신에게 피해를 준다'라고 인식하면, 나의 분노는 '당신의 행동은 당신에게 피해를 주므로 변화하길 바란다'라고 말한다. 이때의 분노는 상대방을 보호한다. 그러므로 인지 메커니즘을 통해 분노가 어느 쪽에 속하는지 판단할 수 있다.

예를 들어 새치기를 하는 행위에 분노한다면, 그 사람의 새치기 행위가 누구에게 영향을 주는지 인식해야 한다. 나에게 영향을 줄까, 아니면 다른 사람에게 영향을 줄까, 아니면 새치기한 당사자에게 영향을 줄까? 새치기가 나에게 피해를 줬다고 생각하면 그에게 "새치기하지 마세요, 그래야 내가 피해를 입지 않아요."라고 직접적으로 표현할 수 있다. 만약 그 사람의 새치기가 그 사람 자신에게 영향을 주었다면 "그것은 도덕적이지 않은 행동입니다. 계속 그렇게 행동하면 당신 자신에게 좋지 않습니다."라고 말할 수 있다. 이런 표현은 내가 분노한 순간 상대방은 자기 자신이나 상대방을 보호하기 위해 양보를 기대할 수도 있다.

나 혹은 상대를 보호하기 위한 분노

한 어머니가 말했다. "우리 아이는 숙제든 시험이든 잘 아는 문제도 틀리고 대충하는 태도를 보여서 너무 화가 나요."

"그런 태도는 어떤 태도인가요?"

"성실하지 않은 태도죠."

이 어머니는 아이의 성실하지 않은 모습에 화가 났고 아이가 성실한 자세로 임하는 것을 보길 바란다는 것을 알 수 있다.

그렇다면 성실하면 어떻게 될까? 성실하지 않으면 어떻게 될까?

"공부를 열심히 하지 않으면 성적이 나쁘고 무슨 일이든 성실하지 않으면 제대로 하기 어렵죠. 학생으로서 공부를 잘하지 못하고, 성인으로서 일을 제대로 하지 못하면 경쟁력이 약하고 쉽게 도태되잖아요. 그러면 사회에서 발붙이기 어렵고 심지어 생존하기도 어렵죠."

이 어머니의 분노는 아이의 '미래에 대한 불안'에서 비롯됐다. 아이가 불성실한 태도를 보이자 어머니는 아이의 미래를 걱정하기 시작했다. 어머니는 아이가 편안하고 행복한 미래를 맞이하길 바란다. 그녀의 동기를 보면 그녀의 분노는 아이에게 유리하고, 자신의 아이를 보호하고자 한다.

우리가 다른 사람을 걱정할 때 직접적으로 표현할 수 없으면 분노라는 방식을 선택한다. 분노는 나 또는 상대방을 보호할 뿐 아니라 나와 상대방 모두를 보호할 때도 있다. 상대방의 행위가 나에게 상처를 주었지만 그가 행동을 멈추면 그에게도 좋다.

한 여성이 분노했다. "남편은 항상 저의 사소한 습관을 가지고 트집을 잡아요. 예를 들어 집에 돌아오자마자 신발을 제대로 벗어놓지 않았다, 옷을 바르게 걸어놓지 않았다, 주방에서 나올 때 불을 끄지 않았다는 등 잔소리를 해요."

이 여성이 남편에게 붙인 라벨은 '트집을 잡는다'이다. 그리고 남편에게 '트집 잡으면 안 된다'는 요구를 하고 있다. 남편의 행동이 이 여성에게 상처임을 알 수 있다.

그녀에게 물었다. "남편이 자주 트집을 잡으면 남편에게 어떤 안 좋은 영향이 있을까요?"

"남편이 이렇게 자주 트집을 잡으면 우리 부부 관계를 망가뜨리고 나는 그를 떠나고 싶을 거예요."

이 여성은 남편의 트집 잡는 행동을 멈추고 싶고 남편과의 관계를 망가뜨리는 행동과 그가 사랑하는 아내를 잃는 것을 막고 싶다. 남편의 마음에 아내가 정말 큰 자리를 차지하고 있는지는 알 수 없다. 중요한 것은 이 여성은 남편의 마음에 자신이 큰 자리를 차지하고 있다고 생각하고, 분노를 통해 그를 보호하고자 한다.

만약 남편이 자신을 사랑한다는 확신이 없어도 아내는 그의 트집에 분노할까? 남편은 트집을 잡을 때 사랑하는 아내를 잃을 생각을 해 봤을까? 아마 정반대일 것이다. 남편은 아마도 '내가 당신을 사랑한다는 것을 알고 있다고 확신해. 우리의 관계가 매우 안전하다고 생각해. 그래서 안심하고 트집을 잡는 거야.'라고 생각할 것이다.

사람들은 관계가 충분히 '안전'하다고 생각하면 트집을 잡는다. 이는 잠재의식이 결정하는 것으로 자신이 통제할 수 있는 것이 아니다. '트집을 잡으면 상대방을 잃는다.'라는 것은 이 여성의 생각이다. 하지만 남편은 '나는 당신을 잃지 않을 테니까 당신에게 트집을 잡는 거야.'라고 생각한다. 이 여성은 자신의 생각의 틀에서 남편을 이해했고, 따라서 그녀가 남편을 보호하는 방식은 바로 남편의 트집 잡기 행동을 멈추는 것이다.

사랑의 두 관점

사랑은 두 관점으로 이해할 수 있다.

- 나는 사랑을 바쳤다.
- 나는 사랑을 받았다.

어떤 사람의 동기가 다른 사람의 행위에 이득이 된다면 '사랑을 바친다'라고 말할 수 있다. 예를 들어 자녀에게 낭비하지 말라고 요구한다. 자녀가 절약하는 습관을 기르면 앞으로의 생존에 유리하다고 생각하기 때문이다. 배우자에게 책임을 지라고 요구하는 이유는 가정의 화목이 그의 남은 인생에 도움이 되기 때문이다. 이런 것들은 사랑이라고 불린다.

한편 상대방의 헌신이 나에게 유리한 결과를 낳았다면 '사랑을 받았다'라고 말할 수 있다. 예를 들어 누군가의 행동으로 기쁘고 풍족함을 느끼면 사랑받은 것이다. 햇살이 따스함을 주었고, 어머니가 아침 식사를 챙겨 준 것은 모두 사랑의 표현이다.

사랑은 '당신이 나를 사랑해서', '내가 사랑받는다'는 간단한 논리가 아니다. 나의 행동은 중간에 일련의 복잡한 가공 과정을 거쳐서 상대방에게 가고, 상대방은 내가 한 행동 외의 다른 무언가를 경험하게 된다. 따라서 때로는 그다지 의미 있는 행동을 하지 않았는데 상대방이 정신을 못 차릴 정도로 감동하거나, 많은 것을 바쳤지만 상대방의 화를 불러일으키기도 한다.

분노는 사랑을 준 사람의 관점에서 정의한 사랑이다. 많은 경우 우리는 다른 사람의 분노 속에서 '너를 구하고 싶어'와 같은 강렬한 정을 느낀다. 비록 그것의 결과로 상처를 낳고 좋은 의도가 나쁜 결과로 이어지긴 해도 말이다.

우리는 결과로 사랑을 판단하는 데 익숙하다. 결과적으로 피해를 입으면 사랑이 아니라고 생각하지만 그것은 사랑을 준 사람에게 불공평한, 사랑을 받은 사람의 이상화다.

어떤 사람이 옥상에서 뛰어내리려는 한 사람을 발견했다. 그가 말했다. "다가오지 말아요, 경찰도 부르지 말아요. 그러지 않으면 뛰어내릴 거예요." 이때 다가가서 그 사람을 잡아당겨야 할까, 아니면 제자리에 서 있어야 할까? 만약 다가간다면 그는 뛰어내릴 테고 그 결과는 내가 초래한 걸까? 만약 다가가지 않아서 그가 뛰어내린다면 나는 자책하게 될까?

내 행동의 결과는 피해를 낳을 수도 있다. 하지만 그렇다고 사랑을 표현하고 싶은 나의 동기를 부정하면 안 된다.

다른 사람이 나에게 분노할 때 비록 상대방이 나에게 상처를 줘도 그 배후에 나를 사랑한다는 동기가 있음을 알아야 한다. 상대방의 사랑을 느끼면 그에 대한 분노를 줄일 수 있다. 사랑을 받는 사람으로서 원하지 않으면 거절할 수 있지만, 그래도 나를 사랑한 상대방에게 감사함을 갖고 말하자.

"나를 아끼는 당신의 마음 잘 알아. 나를 위해 노력하는 것도 고마워. 하지만 미안하게도 나는 당신이 말한 대로 할 수 없어."

☑ 내 마음속 분노 살펴보기

1. 그 분노는 상대방의 행위가 누구에게 피해를 준다고 생각하나요? 당신에게 어떤 피해를 주었나요? 상대방 본인은 어떤 피해를 받았나요? 한쪽 또는 양쪽의 피해를 찾아보세요.

2. 다음의 문장을 완성하고 큰소리로 읽어서 상대방에게 표현해 보세요.

   당신은 _____ 을/를 하면 안 되었어!
   만약 당신이 _____ 라면, 나에게 _____ 같은 악영향이 있어! 당신의 단점은 바로 _____ 야!
   (둘 중 하나만 적거나 모두 적으세요)

당신이 개선한다면 나는 _____ 할 수 있어서 나의 상황은 좋아져. 당신이 개선한다면 당신은 _____ 할 수 있어. 그것은 당신에게 좋은 거야.

(둘 중 하나만 적거나 모두 적으세요)

3. 이렇게 말한 후 어떤 기분과 생각이 드나요?

자동적 사고의
고리를 끊어라

두려움이 나쁜 일은 아니다. 객관적인 이유가 있는 두려움도 있다. 현실적인 경험에서 출발한 두려움은 우리의 피해를 막기 위한 보호 기제다. 그런데 현실에 부합하지 않고 확대와 왜곡의 과정을 거친 검증할 수 없는 두려움도 있다.

분노의 해소는 본질적으로 현실에 부합하지 않는 두려움을 찾아내 고치는 과정이다. 그리고 우리의 잠재의식은 그런 감정이 나쁘지는 않다고 의식하고 현실적인 의미가 있는 두려움은 남긴다.

분노 전환은 본질적으로 두려움을 전환하는 것이다. 이는 두려움에 관한 실질적이지 않은 내면의 논리를 고치는 과정이다.

저절로 발생하는 논리

한 남성이 말했다. "제 아내는 듣기 거북한 말을 해요. 말다툼을 할 때 항상 저의 약점을 가지고 저를 비하하죠. 지금 저는 아내를 피하고 대화하고 싶지 않아요."

이 남성이 분노한 이유는 아내에게 '듣기 거북한 말을 한다'는 라벨을 붙였기 때문이다. 이 분노를 해결하는 방법 중 하나는 상대방을 본받는 것이다. 즉, 아내보다 더 기분 나쁜 말을 하고, 아내의 약점으로 아내를 비하하고 공격하면 아내의 화를 돋울 수 있다. 하지만 이는 이 남성에게 어려운 일이다. 그는 '듣기 거북한 말을 하면 안 된다'는 자기 요구가 있고 그 요구의 배후에 저절로 발생하는 논리가 있기 때문이다.

'내가 듣기 거북한 말을 하면 아내에게 상처를 줄 거야. 아내에게 상처를 주면 나는 나쁜 사람이야. 내가 나쁜 사람이면 이 사회에서 인정받을 수 없어. 그래서 많은 자원과 기회를 잃을 거야.'

이 남성의 논리에 문제가 없는지 살펴보자. 듣기 거북한 말을 하면 아내에게 상처를 줄까? 꼭 그렇지는 않다. 말을 하지 않았을 때의 상처가 더 클 수 있다. 기분 나쁜 말을 하는 사람은 그런 말에 대한 감당 능력이 있다. 사람들은 자신이 듣기 거북한 말에 쉽게 상처를 받으면 상대방도 그럴 거라고 생각한다.

아내에게 상처를 주면 자신은 나쁜 사람일까? 꼭 그렇지는 않다. 부부 관계는 이와 잇몸의 관계와 같아서 간혹 마찰이 발생해도 지극히 정상적인 모습이다. 따라서 배우자에게 전혀 상처를 주지 않는 결혼생활을 영위하고 있다면 이는 자신에게 가혹한 자기 요구를 하고 있다는 뜻이다.

나쁜 사람은 사회에서 인정받지 못할까? 꼭 그런 것은 아니다. 그에게 말했다. "조금 나쁘다고 해서 사회에서 인정받지 못하나요? 아내가 기분 나쁜 말을 해서 당신에게 상처를 주었다고 사회가 그녀를 나쁜 사람이라며 포기했나요? 그녀는 이제 다른 사람들과 함께 살아갈 수 없나요? 기분 나쁜 말을 한다는 것이 단점이긴 하지만 다른 장점도 있을 테고 가치를 생산하면 사회는 그녀를 포용합니다."

자동적 사고의 5가지 특징

'자동적 사고automatic thought'는 심리학자 아론 벡Aaron T. Beck이 제시한 용어다. 분노했을 때 떠오르는 '상대방이 이렇게 하면 어떻게 될까', '만약 내가 이렇게 하면 어떻게 될까'와 같은 일련의 연상이 바로 자동적 사고의 일종이다.

자동적 사고는 '찰나에 완성'될 정도로 매우 빠르다. 자극을 받아서 분노할 때까지 많은 사고 활동이 일어난다. 자동적 사고는 많은 가공을 거쳐 '사실과 멀어진 결론'을 얻는 사고의 사슬이다. 하나의 동작으로 50개의 드라마를 생각해 낼 수도 있다.

남편의 외도에 분노한 여성은 마음속으로 '내 남편의 외도는 내가 부족해서야. 내가 다른 여자보다 뒤떨어지면 나는 버려질 거야. 그러면 내 인생은 엉망진창이 되겠지…'라고 생각을 이어 간다.

주의하지 않으면 자동적 사고는 계속 활성화되지만 이를 스스로 깨닫지 못한다. 자동적 사고에 따라 자신이 반응하고 있지만 이를 인지하기 어렵다. 일련의 사고 과정은 분노를 발생시킬 뿐 아니라 '모형화'되어 역할을 발휘하기도 한다. 사고의 사슬에서 다른 가능성을 찾지 않고 기존의 사고 사슬을 따라가는 것이다.

한 남성이 "제 아내가 저를 너무 자주 원망해서 화가 납니다."라고 말했다. 그의 사고 사슬은 '내가 원망하면 사람들은 나를 싫어하며 떠날 거야. 그러면 나는 외로워져.'이다. 내가 원망할 때 다른 사람이 나를 싫어하는 것, 나를 떠나는 것 등의 항목마다 여러 가능성이 존재하지만, 자동적 사고는 기존 사고 사슬에 빠져서 다른 가능성을 전혀 고려하지 않는다.

자동적 사고를 하지 않으려면

분노를 해소하려면 자동적 사고를 타파해야 한다.

인식하기

자동적 사고를 타파하기 위한 첫 단계는 '인식'이다. 우선 나의 사고 사슬이 어떻게 만들어졌는지, 연상이 불러오는 결과는 무엇인지, 나는 무엇을 두려워하는지 인식해야 한다. 인식은 관찰하기만 하면 되므로 매우 간단하다. 분노할 때 자신이 상대방에게 무엇을 요구하는지 생각해 본 다음 스스로에게 질문해 보자.

- 만약 그가 나의 요구를 이행하지 않고 자신의 방식대로 행동하면 그에게 어떤 결과가 생길까? 어떤 영향이 있을까?
- 지금 그가 드러내는 기질을 내가 배운다면 나에게 어떤 결과가 생길까? 어떤 영향이 있을까?

한 학생이 나에게 하소연한 적이 있었다. "엄마가 나와 남자친구의 관계에 간섭하고 비합리적인 행동을 했어요. 결국 저와 그 남자친구는 헤어지게 되었고요."

이 학생이 자신의 어머니에게 붙인 라벨은 '매우 비합리적'이라는 것이다. 그러면 스스로에게 질문해 보자. 어머니가 계속 비합리적으로 행동하면 그녀에게 어떤 영향이 있을까? 비합리적인 행동은 어머니에게 어떤 단점으로 작용할까? 만약 어머니처럼 학생 자신도 비합리적으로 행동하면 어떻게 될까?

생각하면 답이 나온다. 엄마의 비합리적인 행동은 나에게 상처를 준다. 나에게 상처를 주면 엄마와 말하고 싶지 않고, 엄마에게 상관하고 싶지 않다. 엄마는 딸이 함께하지 않으면 외로워진다. 나도 비합리적으로 행동하면 엄마에게 상처를 주고 엄마는 더 비합리적으로 행동한다. 엄마가 더 비합리적으로 행동하고 나를 신경 쓰지 않으면, 엄마가 나를 버리지는 않아도 심리적으로 나와 멀어지면서 나도 외로워진다.

현실 검증하기
현실 검증을 위한 몇 가지 방법이 있다.

• 가능성을 모색한다.
단일 사슬과 같은 사고를 여러 가능성으로 전환한다. 앞의 사례에서 내가 비합리적인 행동을 보이면 엄마는 나와 멀어지는 것 말고 어떤 행동을 할 수 있을까? 순간 화가 나지만 나를 용서하거나 마지못해 양보할 수도 있다. 반대로 엄마가 비합리적으로 행동하면 나는 정말 한평생 엄마를 모른 척할까? 엄마와 잠시 멀어지고 싶지만 두 사람의 관계는 결국 회복된다.

• 당사자를 찾아 확인한다.
화가 나지 않았을 때 엄마에게 직접 말해 보자.
"만약 내가 비합리적으로 행동하면 나를 모른 척할 거예요? 심리적으로 나와 멀어질 거예요? 상처받을 거예요? 얼마나요? 얼마나 오래요? 어떻게 반응할 거예요?" 당사자와 이야기해 현실적인 답을 얻을 수 있다.

• 주변 사람과 함께 탐구한다.

주변의 다양한 사람들과 자동적 사고의 내용을 탐구해 보자. 그들이 항목별로 다양한 생각을 제공해 경직된 사고를 유연하게 해줄 수도 있다. 그러면 많은 가능성 중에서 상황에 가장 적합한 것을 선택하면 된다.

분노 배후의 논리, 즉 자기 제한의 논리에 대해 다시 생각하고 머릿속으로 논리를 다시 세울 때 자신이 스스로 알지 못하는 두려움 속에 살았다는 사실을 깨닫는다. 이렇게 자유를 경험하기 시작한다.

자유로우면 내면이 제한되지 않고 맹목적으로 두려워하지 않는다. 그러면 더 넓고 편안하고 유쾌한 세계를 경험하고 나의 분노를 일으키는 사람은 줄어든다.

상대방이 가진 두려움

다른 사람이 나에게 분노할 때 그의 내면의 두려움이 무엇인지 알아보고 함께 자동적 사고의 논리 사슬을 탐구해 보자.

한 여성이 말했다. "저의 육아 관념은 남편과 너무 달라요. 남편은 아이에게 너무 냉담하고 무정해요."

당신이 남편이라면 의문이 생긴다. "왜 아이에게 이토록 집중해야 하는지 말해 줄래? 나는 당신을 이해하고 싶어. 당신의 세계에서 아이가 충분히 관심받지 못하면 어떻게 될 것 같지?"

이러면 아내가 무엇을 두려워하는지 이해할 수 있다. 그리고 아내를 위로하고 함께 토론하고 개선한다면 아내는 자신의 분노 너머에 있는 불안과 자신의 불안이 얼마나 현실과 동떨어졌는지 깨닫는다. 그리고 그렇게 불안해할 필요가 없으며, 아이에게 그 정도로 집중하지 않아도 된다는 사실을 깨닫는다. 가끔 그것은 오히려 아이에게 스트레스가 될 수 있다. 혹은 아내의 두려움을 이해한 후 아내의 불안을 위로하기 위해 양보하고 아내와 함께 자녀에게 더 관심을 기울일지도 모른다. 만일 아내 내면의 두려움의 논리를 발견했는데도 의견을 일치시키지 못하고 대화를 하면 할수록 화가 난다면, 그일 뿐 아니라 장기적인 소통 방식에 문제가 있다는 의미다.

반면 이 방법으로 누군가에게 피해나 상처를 주고 싶다면 호기심, 공감, 인정을 통해 상대의 논리 사슬을 파악한 후 한마디만 더 보태면 된다.

"나는 당신의 그 생각에 전혀 동의하지 않아, 정말 유치하거든!"

☑ 내 마음속 분노 살펴보기

1. 분노 배후에 있는 결과와 두려움에 관한 자동적 사고의 논리 사슬을 찾아보세요.

2. 자동적 사고의 비합리적인 부분을 찾아보세요.

3. 그것 때문에 어떤 감정을 느끼나요?

다른 사람을 위해 헌신할수록 상대방의 관심을 바란다.
그러므로 헌신감은 분노의 전제가 되기도 한다.
누군가가 나에게 분노하면 그 사람이 나를 위해 많은 것을
헌신했다고 생각하는 것은 아닌지 살펴보자.

헌신할수록
쉽게 분노한다
:분노는 사랑이다

사랑받고 싶어서
분노가 생긴다

사람은 분노하면 타인에게 강하게 요구한다.

"당신은 책임감이 있어야 하고, 말을 잘 들어야 하고, 성실해야 하고, 약속을 잘 지켜야 하고, 진취적이어야 하고, 절약해야 하고, 예의가 있어야 하고, 마음이 넓어야 해…. 그러니까 내가 맞다고 생각하는 것을 당신이 하면 돼."

하지만 이렇게 생각해 본 적 있는가.

왜 상대방에게 그런 요구를 하는가?

그 사람이 그 일을 하는 것이 나와 무슨 상관이 있는가?

다른 사람이 잘못했는데 왜 나를 벌하는가?

나는 왜 이렇게 비이성적일까?

분노에 장점이 전혀 없다면 아무도 다른 사람이 잘못했을 때 자신을 벌주지 않을 것이다. 세상에 이기적이고 나태하며 성실하지 않은 사람들이 셀 수 없이 많은데 설마 모두 화를 낼 것인가?

무엇에 분노했든, 상대방의 무엇을 바꾸고 싶든, 상대방의 어떤 가치관을 바꾸고 싶든, 분노를 선택했다면 그 배후의 이익이 자신에게 주는 상처보다 크기 때문이다. 분노의 최종 목표는 '그는 헌신하고 내가 수혜를 입는 것'이다.

분노를 통해 추구하고자 하는 것은 '사랑'이다. 분노는 사랑받고 싶은 욕구 때문에 생긴다. 사랑이란 무엇일까? 사랑은 이해, 인정, 관심, 중시, 존중, 지지, 도움, 보호, 수용이다. 분노는 이런 욕구를 충족하지 못했기 때문이다. 분노할수록 그만큼 사랑이 결핍되었다는 뜻이다.

자녀가 나를 이해해 주길

한 어머니가 말했다. "아이가 벌써 여덟 살인데 아직도 너무 자주 울어요. 조금이라도 마음에 안 들면 큰소리로 울기 시작하니 답답하고 화가 나요."

여덟 살 아이가 우는 것은 얼마나 정상적인 일인가. 아이가 우는데 왜 분노하는가? 이 어머니가 아이에게 붙인 라벨은 '무능'이다. 그녀는 우는 것은 무능함의 표현이라고 생각한다. 하지만 아이의 무능함이 나에게 어떤 영향을 미칠까? 나는 왜 분노할까, 다른 집 여덟 살 아이가 무능하다고 해서 내가 분노할까?

이 여성의 분노 뒤에는 이런 논리가 있다. '네가 무능하면 내가 너를 돌봐 줘야 해. 네가 울면 나는 너를 달래 줘야 해. 하지만 너를 달래 주려니 괴로워. 난 이미 많이 지쳤는데 쉴 수가 없어. 나는 할 일이 너무 많아서 힘들어.'

이 여성은 아이의 무능은 엄마에게 피해를 준다고 생각한다. 그녀의 분노가 품은 참뜻은 '너는 나를 귀찮게 해!'다. 따라서 이 여성이 자녀에게 분노하는 진짜 이유는 아이가 무능하거나 자주 울어서가 아니라 자신을 귀찮게 해서다. 그렇다면 귀찮음을 거부하는 것은 어떤 사랑의 욕구일까? 그녀는 이해를 바란다.

이 어머니의 분노는 '부탁이야, 나를 이해해 줘! 나는 정말 지쳤으니까 더 이상 울지 마'라고 말한다. 그녀의 내면에는 이해받고 싶은 욕구가 있다. 하지만 여덟 살 자녀가 이 욕구를 만족시켜 주지 못하자 화가 난다. 하지만 자신의 욕구를 직접적으로 대면할 수 없다. 자신의 욕구가 너무 지나친 것 같기 때문이다. 그래서 잠재의식은 '나를 이해해야 해!'보다 듣기 편하고 수용될 수 있는 욕구로 바꿔서 드러낸다.

'무능함을 드러내지 않았으면 해. 그것은 너를 위해서야.'

이 여성은 왜 여덟 살 자녀가 자신을 귀찮게 하는 것을 허락할 수 없을까? 여덟 살 아이는 원래 사람을 귀찮게 하고, 자신의 부모를 이해할 능력과 의무가 없다. 이 어머니는 이렇게 생각한다.

'매일 집안일과 회사일 등 귀찮은 일이 이미 많아. 남편도 나를 이해해 주지 않고 회사 상사도 나를 이해해 주지 않아. 너무 힘든데 아무도 나를 도와주지 않네. 곧 모든 것을 포기할 것 같아.'

이 여성은 자신의 삶에서 '이해'라는 욕구가 줄곧 충족되지 않았고 그 욕구는 어쩔 수 없이 여덟 살 아이를 향했다. 아이를 통해 그 욕구를 가장 쉽게 실현할 수 있기 때문이다.

상대방이 나에게 마음을 쓸수록 나는 분노를 이용해 상대방을 위협하고 만족감을 얻기 쉽다. 이 여성의 가정에서 그녀에게 가장 마음을 쓰고 그녀의 욕구를 가장 잘 충족시키는 사람은 바로 여덟 살 아이였다.

분노의 배후에는 사랑의 결핍이 있다

누구에게 분노하든, 무엇에 분노하든 계속 따져 보면 그 배후의 실질적인 영향을 찾을 수 있다. 누군가 말했다. "그 사람이 나를 돌볼 필요 없어요. 그가 나를 만족시킬 필요도 없어요. 나에게서 조금 더 멀어지고 상처 주는 말만 안 하면 돼요."

이 말에 드러난 기대는 '그 사람이 나에게 상처 주는 말을 하지 않았으면'이다. 구체적으로 그 사람은 나에게 어떻게 상처를 주었을까? 내면의 논리는 아마도 '그 사람이 상처 주는 말로 나의 자신감을 공격하면 나는 내가 가치 없는 사람이라고 여긴다'이다. 바꿔 말하면 그 사람이 생각을 멈추고, 입을 다물고, 자신의 주관을 억눌러서 나의 가치를 보호하고 싶다는 말이다. 이런 경우 나에게 필요한 사랑은 '존중, 인정, 보호'다.

이 순간 그 사람이 나의 가치를 보호하길 바란다는 것은 무슨 뜻일까. 나의 가치감이 이미 약해졌고, 다른 곳에서도 인정을 받지 못해서 상대방이 나를 부정하면 나의 가치감은 완전히 무너진다는 의미다. 지금 나의 가치감을 가장 보호해야 하는 사람은 상대방이므로 인정받고 싶은 욕구는 나를 부정한 사람에게로 향한다.

따라서 다른 사람에게 무엇 때문에 분노하든 결국 사랑의 결핍을 발견한다. 일탈하는 연예인, 거리에 침을 뱉는 행인, 드라마 속 악역 등 분노하는 일이 나와 상관없어 보여도 머릿속의 생각과 논리를 느끼기만 하면 나에 대한 영향을 찾을 수 있다.

자신을 어떠한 역할에 대입하고 자신의 이익이 침범받기라도 한 듯 나의 이익을 침범한 사람에게 분노가 가득 찬다. 드라마에 차별받는 역할이 등장하면 시청자는 분노한다. 이들은 자신이 존중받지 못했을 때의 감정을 대입하기 때문이다.

분노는 결핍감을 해결하는 방법

분노한 사람은 오랫동안 아무것도 먹지 못한 사람이 음식을 발견하곤 무섭게 달려가서 삼켜 버리고 싶은 감정을 느낀다. 음식이 기아를 야기한 것이 아니라 음식을 보자 굶주린 허기가 자극됐다.

그러니까 지금 그 사람이 내가 분노를 느끼도록 자극한 것이 아니라 나의 내면에 계속 존재하던 '결핍' 때문에 그 사람이 나의 목표를 가장 잘 만족시킬 수 있다고 생각하는 것이다. 분노는 이렇게 말한다.

> 부탁이야, 내가 계속 가지고 있던 욕구를 충족시켜줘!
> 다른 사람은 나를 사랑하지 않고 나도 나를 사랑하지 않아. 하지만 당신은 나를 사랑해야 해. 당신이 나를 사랑하지 않으면 나는 죽고 싶을 만큼 괴로워!

게다가 내면이 결핍될수록 타인에 대한 분노는 강해진다. 함께 하고 있는 사람에게 결핍을 느낄수록 상대방이 몇 시에 귀가하는지, 매일 무엇 때문에 바쁜지, 누구와 같이 있는지 문제 삼는다. 반대로 내가 사람들과 즐겁게 시간을 보내고 있다면 배우자가 몇 시에 귀가하는지 신경 쓸 여유가 없다. '존중'이라는 욕구가 결핍될수록 상대방이 선물을 보냈는지, 자발적으로 전화하는지 따진다. 또 매번 냉전을 벌일 때마다 누가 먼저 고개를 숙이고 누가 먼저 굴복하는지 따진다. '인정'이라는 욕구가 결핍될수록 비판과 지적을 견디지 못하고 자신이 부정당하는 것에 강렬하게 저항한다.

분노가 문제가 아니다. 분노는 결핍감을 해결하는 방법일 뿐이다. 분노를 깊이 이해하는 것은 사실 나의 결핍감을 해결하는 길이다. 마음속 결핍에 대처할 때 분노는 그중의 한 가지 방법일 뿐이다. 결핍감을 해결하면 분노할 필요도 없다. 열이 나는 원리와 같다.

열은 자기 보호를 위한 수단이지 해결해야 할 문제가 아니다. 해결해야 하는 것은 바이러스와 세균, 수면이나 식습관 같은 문제다. 해열제를 맹목적으로 사용하는 것을 지양해야 하듯이 발산되는 분노를 맹목적으로 억누르는 것은 좋지 않다.

어떻게 욕구를 표현해야 할까?

하지만 상대방에게 사랑에 대한 욕구를 솔직하게 표현하기에는 2가지 고충이 있다.

첫째, 스스로 자신의 욕구를 의식하기 어렵다. 분노하면 '내가 무엇이 필요한가'가 아닌 '상대방은 그렇게 하면 안 된다'라는 생각에 빠지게 된다.

둘째, 의식했어도 말하기 어렵다. 상대방에게 사랑에 대한 욕구를 직접 표현하면 자존심이 상하는 것 같다. 이런 경우 잠재의식은 2가지 방식으로 분노를 위장한다.

'이건 당신이 반드시 해야 해.' 나를 위해서가 아니라 진실을 위해서, 평범한 사람이 되기 위해 해야 해. '자녀는 순종해야 한다', '학생은 공부해야 한다', '배우자는 집안을 돌봐야 한다', '직원은 일을 열심히 해야 한다'처럼 이렇게 해야 하는 이유는 그것이 진리이기 때문이다.

'당신을 위해서야.' 내가 원해서가 아니라 당신의 미래를 위해 이렇게 하는 거라고 강조한다. 맞는 일, 마땅한 일을 하면 미래에 이익, 조화로운 관계, 성공을 얻는다고 설득하고 자신은 약간의 이득을 볼 뿐이라고 말한다.

분노는 많은 경우 상대방을 위한 목적이 되기도 한다. 특히 많은 부모가 자녀에게 분노하는 이유는 아이를 사랑하기 때문이기도 하지만 동시에 내면의 결핍감을 만족시켜 주기 때문이다. 다만 부모는 자녀에게 이로운 목적만 드러내고 자신에게 염원은 무의식적으로 감춘다.

분노한 사람은 '내가 분노하는 건 당신을 중시하기 때문이야.'라고 말한다. 사실 이 말은 생각의 반만 전달했을 뿐 그다음 말을 하지 않았다. '나는 당신에게 마음을 쓰고 있어, 왜냐하면 나는 당신이 필요하니까. 나는 당신이 나의 욕구를 충족시켜 줄지, 나의 감정을 돌봐 줄지 신경 쓰여. 난 당신이 필요한데 왜 나를 사랑하지 않는 거야?'

분노, 그것은 '나는 불쌍하니까 사랑받아야 해!'라는 외침이다.

☑ 내 마음속 분노 살펴보기

1. 분노했을 때 상대방에게 붙인 라벨과 요구를 찾아보세요. 그리고 그 요구가 어떠한 욕구와 대응하는지 생각해 보세요. 상대방이 요구에 응하여 행동했다면 당신에게 어떤 만족감을 주었나요? 상대방이 행동하지 않았다면 당신에게 어떤 결핍감을 주었나요?

2. 결핍감을 느꼈을 때 상대방의 빈 자리 외에 또 무엇을 만족하지 못했나요?

3. 평소에 어떤 결핍을 느끼나요?

4. 다음의 문장을 완성하고 큰소리로 읽어 본 후 어떤 기분인지 생각해 보세요.

   만약 당신이 _____ (라벨), 나는 _____ (결핍된 부분)을/를 느낄 수 있어서 사랑받는 기분일 거야.

수시로 요구한다면
관계는 흔들린다

분노는 말한다. '나는 당신이 필요해. 내가 편안해질 수 있는 일을 당신이 하면 좋겠어. 당신이 나의 감정을 살피고 내 마음의 결핍감을 채워 주면 좋겠어.'

답답한 마음에 화를 내고, 소리를 지르고, 애원하고 심지어 위협도 마다하지 않는다. 하지만 나는 그 사람이 간절히 필요해도 그 사람은 나를 만족시켜 줄 수 없고 그럴 생각도 없다는 것을 깨닫는다. 원하지만 가질 수 없을 때, 슬픔이 찾아온다.

이렇게 고통스럽고 만족하지 못하는데 왜 상대방을 떠나지 않을까? 그 사람을 바꿀 수는 없지만 최소한 자신을 보호할 수는 있기 때문이다.

그 상대방이 나의 자녀일 수도 있다. 자녀는 내가 원하는 모습으로 변하지 않아도 떠날 수 없다. 상대방이 배우자라면 여러 가지 현실적인 요인으로 떠날 수 없다. 상대방이 회사 사장이라면 역시 떠나지 못하는 많은 이유가 있다.

분노할 때 상대방에게 무엇을 바라는 것보다 더 큰 고통은, 바라는 것을 얻지 못했지만 떠나지도 못하는 것이다.

떠날 수 없다면 평화롭게 함께하는 것이 낫다. 기대를 품지 말고 자기 만족과 다른 곳에서 만족감을 찾는 법을 배우면 최소한 마음이 편안해진다. 하지만 그 방법을 배우지 못하고 상대방이 나를 존중하고 배려하며 도와줄 거라는 기대를 버리지 못하면 관계를 떠나지 못하면서 포기하지도 못하는 더 큰 슬픔이 찾아온다.

관계 안에서의 원인 감정

어떤 사람은 상대에게 끊임없이 '당신은 마땅히'라고 주입한다.

"당신이 틀렸으므로 마땅히 고쳐야 해!"

하지만 그는 무슨 근거로 고쳐야 할까?

"사람들이 모두 그렇게 하기 때문에 당신도 마땅히 그렇게 해야 해."

하지만 그는 무슨 근거로 그렇게 해야 할까?

"내가 당신에게 불만이 많기 때문에 당신은 마땅히 해야 해!"

그래서?

"내가 원하므로 당신은 마땅히 줘야 해!"

무슨 근거로?

합당한 지적을 한다면 백 번 동의한다. 그 사람 때문에 불만을 느꼈고, 그 사람이 틀렸고 잘못했다면 마땅히 그는 고쳐야 한다. 하지만 '마땅히'가 무슨 소용이 있을까? '마땅히'가 유용하다면 모두 함께 규칙을 만들면 된다. 함께 규칙을 제정하고 모두 지키면 평화로운 세상이 찾아올 것이다.

하지만 그 사람은 나에게 동의하지 않고 고칠 생각도 없다. '마땅히'를 논하는 의미가 없다. 그러면 분노하고 폭발하고 싶고 원망이 차오르면서 상대를 벌주거나 버리고 싶다. 하지만 그래도 소용없다. 원인 감정은 관계의 킬러다. 원인 감정이 강할수록 상대방에 대한 분노도 강해진다.

그 사람이 왜 나를 위해 변해야 하지?

세상의 모든 분노는 사실 한마디 때문이다.

'당신은 원하는 것이 많지만, 그럴 자격이 없어!'

자기 자신이 자격이 있다고 생각하면 당연하다는 듯이 원하고 요구한다. 하지만 그의 잠재의식은 자기를 희생하기에 상대의 자격이 부족하다고 생각한다. 그래서 상대가 원하는 대로 행동하지 않고, 또 나는 굴복하지 않고 분노한다.

분노는 자신을 너무 존중한 나머지 상대방이 희생할 만하다고 생각했기 때문이다.

왜 희생해야 하는가? 나의 요구가 다른 사람을 편안하고 즐겁게 해 준다면 상대방은 진작 요구대로 했을 것이다. 내가 '마땅히', '반드시'와 같은 말로 가르칠 필요도 없다. 내가 분노하고 비난하더라도 상대방은 하고 싶지 않고 바꾸고 싶지 않은 이유는 그 사람에게 그 일은 고통스럽기 때문이다.

그는 왜 해야 하는가?
그는 왜 나를 위해 희생해야 하는가?
그는 무엇 때문에 고쳐야 할까?
내가 원하기 때문에 그가 고쳐야 할까?

그에게 왜 변하지 않느냐고 묻는 것이 아니라 왜 변하려 하느냐고 물어야 한다. 상대방이 나를 위해 변하지 않는 것이 정상이다. 나를 위해 변하면 오히려 비정상이다.

사람이 자신을 변화시키는 것은 2가지 동력을 기반으로 한다.

- 이익 추구
- 위험 회피

간단하고 직접적이며 익숙한 동력이지만 이를 세심하게 갈고 다듬는 사람은 많지 않다. 왜 자신을 변화시키고자 하는가? 자주 운동하고 책임감을 느끼며 야근도 마다하지 않는 사람이 있다. 그는 자신이 멋진 모습으로 변하지 않으면 아무도 자신을 좋아하지 않을 거라고 생각한다. 이는 위험 회피다.

한편 우수한 사람으로 변하면 더 많은 사람이 나를 좋아한다고 생각한다. 이는 이익 추구다. 사실 어떤 단점이나 장점이 있는지는 중요하지 않다. 중요한 것은 내가 그렇게 생각하기만 하면 적극적으로 변화를 추구한다는 사실이다. 그런데 상대방이 이런 결과에 관심 없거나 이런 논리에 동의하지 않으면 적극적으로 변화를 도모하지 않는다. 상대방의 변화를 원한다면 그 사람의 세계에서 그의 논리를 생각해야 한다.

그 사람이 고통을 참고서라도 변하고자 한다면 그의 고통보다 큰 장점은 무엇일까?
그가 변화를 위한 고통을 거부한다면 그의 고통보다 더한 단점은 무엇일까?

이는 그 사람을 유인하거나 위협하여 변화의 고통을 참게 할 밑천이 무엇인지 생각해야 한다는 의미다. 이 문제를 잘 생각하면 누구든 변화시킬 수 있다. 이 문제를 깨닫지 못하면 아무리 분노해도 소용없다.

관계 개선을 위한 해결책

스스로에게 이렇게 질문해 보자. '이치를 논하는 것이 유용할까?' 유용할 때도 있지만 나의 이치가 상대방을 감동시키지 못하면 소용없다.

'지적은 유용할까?' 그럴 때도 있겠지만 상대방이 겁먹지 않으면 역시 소용없다. 나의 날카로운 모습과 감정적인 모습만 드러낼 뿐 상대방을 변화시킬 수 없다.

'헌신은 어떨까?' 물론 유용할 때도 있다. 헌신이 유용한 이유는 헌신을 통해 상대방이 나를 더 중요하게 생각할 수 있기 때문이다. 그러면 상대방은 나를 잃을까 봐 두려워서 나에게 잘해준다. 하지만 상대방이 언제든 나의 헌신에 대한 고마움을 포기할수 있으므로 효과는 제한적이다.

'우수한 사람이 되면 어떨까?' 상대방이 나의 신세를 지고 싶어서 나와 가까워졌을 때는 유용하다. 하지만 나의 우수함이 상대방에게 아무런 가치도 없다면 내가 8개 국어를 한다고 한들 상대방을 변화시킬 수 없다.

그렇다면 무엇을 해야 절대적으로 유용할까? 상대를 이해해야한다. 어떠한 일에 내재된 논리를 어떻게 보는지, 무엇을 중시하고 좋아하고 걱정하는지, 왜 그렇게 행동하고 왜 그렇게 행동하지 않는지, 이익은 무엇이고 변화의 걸림돌은 무엇인지 이해해야 한다.

하지만 다른 사람을 이해하려면 시간, 에너지, 마음을 써야 하므로 이를 즐기는 사람은 많지 않다. 상대방을 이해했지만 그가 여전히 변하지 않았다면? 이해는 첫 단계일 뿐이다.

두 번째 단계는 상대방이 두려워하는 것으로 위협하는 것이다. 상대방이 원하는 것으로 거래를 할 수도 있다. 카드가 충분하면 상대방이 변하지 않는다고 두려워할 필요가 없다. 하지만 문제는, 나에게 그 카드가 있는가?라는 것이다.

거래가 이뤄지는 관계의 장점은 뭘까. '무슨 근거로', '나에게 어떠한 밑천이 있는가'를 다시 생각하다 보면 관계 개선을 위한 해결책을 찾을 수 있다.

그런데 거래하는 사랑은 진짜 사랑이 아니며 관계에 거래라는 전제 조건이 있으면 안 된다고 생각하는 사람들이 있다. 하지만 나는 이 모든 것도 다 사랑이라고 말하고 싶다. 거래가 사랑이 아니라고 생각하는 이유는 무조건적 사랑을 갈망하기 때문이다.

우선 상대방이 어째서 무조건적 사랑을 주어야 하는지는 차치하고, 상대방이 그런 사랑을 준다고 해도 진짜 받을 수 있을까? 무조건적 사랑을 받다 보면 의존하게 되는데 정말 의존하는 관계를 원하는가? 언젠가 상대방이 갑자기 떠나가면 아무것도 남지 않는 결과를 받아들일 수 있는가?

거래하는 관계는 평등하고 안정적이다. 거래라는 어휘가 싫다면 '서로'와 같은 다른 단어로 대체해도 좋다.

서로 지지하고, 서로 도와주며, 서로 이해하고, 서로 인정하고,

서로 사랑한다….

☑ 내 마음속 분노 살펴보기

1. 분노했을 때 욕구가 무엇이었는지 찾아보고 상대방이 당신의 욕구를 만족시켜야 하는 이유를 써 보세요.

2. 그 이유에 대해 어떻게 생각하나요?

3. 상대방 관점에서 생각해 보세요. 상대방이 당신을 만족시키고 당신을 위해 변한다면 그에게 어떤 단점과 손실이 있을까요? 어떤 장점과 이득이 있을까요?

4. 상대방은 이런 장점 또는 단점을 어떻게 바라볼까요? 이는 그가 원하는 것인가요?

분노를 유발하는
헌신하는 마음

이미 설명했듯이 분노는 욕구다. 우리는 다른 사람이 나의 감정을 신경 쓰고 나의 욕구를 채워 주고 내가 원하는 사랑을 주길 바란다. 그리고 그들이 나를 위해 행동하지 않으면 나는 분노한다.

하지만 나의 욕구가 나의 문제고 타인과 관계가 없다고 생각하면 그렇게 분노하지 않는다. 남이 나에게 만족감을 주면 그가 정이 많아서이고, 만족감을 주지 않아도 잘못이 아니라는 것을 알면 외롭고 세상이 차갑다고 느낄지언정 크게 분노하지 않는다.

다른 사람을 향한 분노는 상대방이 '마땅히' 나를 위해 행동해야 하고 그 사람이 나에게 빚졌다고 생각하기 때문이다.

그렇다면 '그 사람이 나에게 빚졌다'는 생각은 어디서 왔을까?

대부분은 헌신감에서 비롯된다. 타인을 위해 많은 것을 바쳤지만 나의 헌신이 존중받지 못했고 상응하는 대가를 얻지 못했다고 생각하면 억울함을 느끼고 분노한다.

"그 사람은 나에게 빚졌어"

한 여성이 말했다. "어제 저녁 식사를 할 때 남편에게 감기에 걸렸는지 머리가 아프다고 말했어요. 하지만 남편은 무표정한 얼굴로 고개를 푹 숙이고 밥만 먹었어요. 아무 말도 하지 않고요. 저는 원망 어린 말투로 말했죠. '휴, 나 지금 벽에 대고 말하는 거야? 당신은 참 냉정한 것 같아, 나에게 전혀 관심이 없잖아.'"

그녀는 계속 말했다. "제가 항상 마음에 새긴 말이 있어요. '다른 사람을 용서하는 것이 자신을 사랑하는 것이다'라는 말이죠. 하지만 남편은 지난 10년 동안 밤새 술 마시느라 집에 늦게 들어온 날이 수도 없이 많았어요. 주말에도 외출해서 함께 지낸 적도 별로 없어요. 여기까지 생각하니 남편을 용서할 수 없었어요."

그녀의 말에 조금은 이해가 갔다. 10년간 그녀는 사랑받지 못했지만 집착하고 포기하지 않았다. 하지만 그것이 남편이 그녀에게 관심을 가져야 할 이유가 될까?

그녀가 계속 말했다. "5년 전 남편이 간암에 걸렸어요. 5년 동안 저는 남편을 데리고 전국 각지의 병원을 찾아다녔어요. 이젠 정말 지쳤어요. 내 마음은 그를 용서하라고 말하지만 그렇게 할 수 없을 것 같아요."

이제야 나는 그녀의 분노가 그리도 강한 이유를 찾았다. '10년간 당신은 나에게 잘해 주지 못했어. 5년 전에는 당신이 큰 병을 얻었고 나는 당신을 치료하기 위해 최선을 다했어. 내가 당신을 위해 이렇게나 헌신했는데 여전히 나에게 무심하니 내가 억울하지 않겠어? 내가 가슴 아프지 않을 수 있겠어?'

남편이 무심하게 고개 숙이고 밥만 먹었기 때문에 이 여성이 분노한 것이 아니다. 10년간의 무관심도 그녀의 분노를 일으키지 않았다. 하지만 지난 시간 그녀는 남편을 위해 모든 것을 바치고 아내로서 책임을 다했다. 그럼에도 상대방은 여전히 냉랭하고 남편으로서 책임을 지지 않았고, 그런 까닭에 그녀는 이렇게 분노하는 것이었다.

헌신에 대한 대가를 기대하다

헌신은 무서운 일이다. 헌신하면 대가를 기대한다. 헌신할 때마다 잠재의식은 대가가 동등하거나 심지어 더 많은 대가를 기대한다. 그리고 상대방이 상응하는 대가를 주지 않으면 분노가 일어난다.

자신이 자발적으로 행동했고 대가를 원하지 않는다고 생각하지만 사실 잠재의식은 대가를 바란다. 다만 물질적인 성의보다 감격, 인정, 중시 등 심리적 측면의 대가를 더 바란다. 예를 들어 양로원에서 석 달 동안 노인을 돌보는 봉사활동을 했는데 노인이 돌봄을 당연하다는 듯이 여기면 기분이 상한다. 돌보는 노인에게 대가를 바라지 않는다고 말하지만 사실 상대방의 주목, 감격, 인정이라는 대가를 기대한다. 그런데 만약 높은 임금을 받고 요양원에서 노인을 돌본다면 노인이 까다롭게 굴어도 상대적으로 견딜 만하고 분노도 일어나지 않는다.

다른 사람을 위해 헌신할수록 상대방의 관심을 바란다. 그러므로 헌신감은 분노의 전제가 되기도 한다. 누군가가 나에게 분노하면 그 사람이 나를 위해 많은 것을 헌신했다고 생각하는 것은 아닌지 살펴보자.

헌신감은 언제 생겨나는가?

분노는 헌신감 때문이다. 그렇다면 헌신감은 어떻게 형성될까? 사람들의 행동에는 2가지 동력이 밑받침한다.

- 자신을 위한 일이다.
- 타인을 위한 일이다.

자신을 위해 행한 일이라면 원망과 후회도 없다. 자신이 선택한 고통이므로 조금도 다른 사람을 원망하지 않는다. 하지만 다른 사람을 위한 일이라고 생각하면 헌신감이 형성된다. 이때의 행동은 타인을 향한 분노의 밑천이 된다.

향상심을 예로 들어보자. 나는 왜 더 성장하기 위해 노력할까? 향상심이라는 자신의 욕구를 충족하기 위해서라면 타인에게 기대하지 않는다. 스스로 부귀영화를 누리고 이름을 세상에 날리고 싶다면 자신의 이상을 위해 노력하는 것이 목표이고 타인과 관계가 없다는 것을 잘 안다. 이런 경우 아무리 지치고 힘들어도 기꺼이 받아들인다.

하지만 다른 사람 또는 가정을 위해서라면 헌신감이 형성된다. 성실함, 책임감, 근면함 등의 자기 요구가 가족에게 더 많은 편리를 주기 위해서라면 강한 헌신감이 생기는데 이때는 분노를 느끼기 쉽다. 자녀의 숙제를 지도할 때 최선을 다하는 엄마는 걱정이 적은 아빠보다 더 쉽게 분노한다. 자녀가 자신의 아이이고 자신이 힘들면 된다고 생각하면 남을 원망하지 않는다. 하지만 아이 아빠의 몫까지 임무를 대신하고 있다고 여기면 쉽게 분노를 느낀다.

환경 보호를 중요시하는 사람은 타인이 환경을 파괴하면 쉽게 분노한다. 자신의 집 주변 환경을 아끼고 보호하는 데만 신경을 쓰는 사람이라면 분노하지 않는다. 하지만 공공환경을 아끼고 보호한다면 쉽게 분노한다. 따라서 분노한 사람의 잠재의식은 이렇게 생각한다.

'내가 당신을 위해 이렇게 많은 일을 했는데 당신은 왜 만족하지 않아?'

'나는 이렇게 많은 일을 하는데 당신은 왜 하지 않아?'

헌신감으로 요구하는 권리

타인의 통제에 분노할 때 마음은 이렇게 말한다. '나는 한참 참아 왔는데 당신은 왜 아직도 이렇게 지나친 행동을 해?' 이 말은 '나는 계속 당신에게 양보했는데 당신은 왜 나에게 조금도 양보하지 않아?'라는 뜻이다.

상대방의 통제에 자발적으로 따랐다면 분노하지 않는다. 상대방과 갈등을 일으키고 싶지 않고 상대방에게 상처를 주지 않기 위해서 인내했다면 나의 인내는 헌신감으로 변하고 분노하기 시작한다.

상대방을 위해 행동한다고 생각할수록 자신이 많은 것을 바쳤다고 생각한다. 그리고 상대방도 나와 같이 헌신하길 기대한다. 하지만 상대방이 나만큼 헌신하지 않으면 불공평하다고 느끼고 억울해하고 분노한다.

어떤 일이나 누군가에게 많은 것을 투입할수록 마음에 두고 기대에 부응하는 결과를 얻길 갈망한다. 이는 사람의 본능이다. 꽃한 송이를 세심하게 지키고 보살피면 그 꽃이 활짝 피기를 바라는데 하물며 사람에게 마음을 다 쏟고 바치면 어떤 기분이겠는가.

그러므로 가정 안에서 원망을 가장 많이 하는 사람이 능력이 가장 뛰어난 사람이다. 현실에서 어쩌면 그 사람은 능력이 가장 뛰

어난 사람이 아닐 수도 있지만 그는 자신이 가장 뛰어나다고 여긴
다. 헌신감이 원인 감정이라는 밑천을 주었다.

이 문제를 해결하기 위해서는 스스로에게 '누구를 위해서 이 일
을 하는가?'라고 질문해야 한다. 질문에 대한 답을 생각하다 보면
책임은 나에게 속한다는 것을 깨닫는다. 하고 싶으면 하면 되고
다른 사람을 끌어들일 필요가 없다. 내가 다른 사람을 위해 행동
한다고 생각하지만 우선 그 사람에게 필요한지 물어보자. 무엇을
했던 그가 나에게 대가를 줄 이유가 되지 않는다. 나는 '하지 않는
다'를 선택할 수 있기 때문이다.

그것은 나를 위한 것이지 타인을 위한 것이 아니다

나는 상대방에게 헌신했는데 그는 왜 인정, 관심 또는 비슷한
수준으로 보답하지 않을까? 내가 바친 것들이 상대방에게 꼭 필
요한 것은 아니다. 이런 경우 상대방은 나의 헌신에 대해 탈취, 핍
박, 심지어 상처라고 생각할 수도 있다. 예를 들어 자녀가 다닐 학
원 10개를 등록시킨 후 자녀의 미래를 위한 결정이라고 생각한
다. 매일 집에서 많은 일을 처리하고 지친 나는 그중의 반은 배우
자의 몫이지만 대신해 줬다고 생각한다. 나는 억울할 정도로 많은
것을 바쳤지만 정작 자녀와 배우자는 나의 행동에 반감을 가질 수
도 있다.

또 다른 예로 가족을 위해 최선을 다해 일하고 돈을 벌었지만

배우자는 가족에게 무관심하고 이기적인 워커홀릭이라고 여긴다. 집안을 먼지 하나 없이 깨끗하게 청소한 후 가족을 위해 희생했다고 생각하지만 가족은 이런 환경에서 생활하는 것이 어색하다.

헌신이 다른 사람에게 반드시 좋은 것은 아니다. 때로는 오히려 상처가 될 수도 있다.

나는 A를 바치고 상대방이 B로 보답하길 기대한다. 나는 가사 노동을 한 후 이해라는 보답을 바란다. 자녀를 위해 삼시 세끼를 챙겨 준 후에 효도라는 보답을 바란다. 간병을 해 준 후 관심으로 보답하길 바란다. 내가 한 행동과 무관한 다른 행동으로 나의 심리적 결핍을 채워 주길 바란다는 뜻이다.

나의 자유를 기반으로 한 결정이라면 그것은 자신을 위한 것이지 타인을 위한 것이 아니다.

☑ 내 마음속 분노 살펴보기

1. 분노의 대상을 위해 많은 것을 바쳤다는 증거 3가지를 기억하고 적어 보세요.

2. 상대방이 당신을 위해 무엇을 보답하길 바라는지 적어 보세요.

3. 나의 헌신과 보답을 어떻게 생각하나요?

4. 다음의 문장을 완성하고 큰소리로 읽어 본 후 어떤 기분인지
   생각해 보세요.

   나는 당신을 위해 _____ 을/를 바쳤으니, 나에게 _____
   로/으로 보답해야 해!

나를 사랑하는 첫걸음,
인위적 헌신을 멈추자

맨 처음 헌신할 때는 기쁜 마음으로 임한다. 이는 사랑의 본능이다. 마음에 사랑이 있으면 에너지가 충만하고 뭐든지 주고 싶은 갈망이 생긴다. 이런 경우 상대방의 보답은 중요하지 않다. 이를 '존재적 헌신'이라고 한다. 존재적 헌신은 즐겁고 자유로우며 편안한 상태에서 완전히 자의에 의해 이루어진다. 억지로 행동하지 않고 자신의 생각대로 스스로 즐거운 일을 하니 자신에게도 이득이다.

예를 들어 길가를 떠도는 유기묘를 보면 음식을 먹이고 싶다. 길을 건너는 노인을 보면 부축해 주고 싶다. 곤경에 처한 친구를 보면 돕고 싶다. 마음에 드는 이성을 보면 잘해 주고 싶다. 울고 있는 아이를 보면 안아 주고 싶다. 집 안에 굴러다니는 쓰레기를 보면 저도 모르게 줍는다. 이럴 때 내가 존재함으로써 헌신이 이루어진다.

그런데 헌신은 즐거움을 주는 적정치가 있다. 적정치 안에서의 헌신은 자발적이고 유쾌하다. 하지만 적정치를 넘어서면 사람은 인위적으로 행동하는데, 계속되다 보면 자기 강요가 시작된다. 이 경우의 헌신을 '인위적 헌신'이라고 한다. 인위적 헌신은 하고 싶지 않지만 미래, 관계, 이익을 고려하거나 책임감 또는 도덕감 등의 이유로 어쩔 수 없이 선택한 이성적인 헌신이다.

분노를 유발하는 '인위적 헌신'

양로원에서 봉사활동을 할 때 까다로운 노인을 만나 마음이 불편해지면 봉사를 멈추고 실망할 수는 있지만 화가 나지는 않는다. 하지만 마음이 불편해졌는데도 그 감정을 억누르고 계속 노인을 보살피면 어느새 화가 난다.

한 학생이 말했다. "저는 친구에게 화가 나요. 친구는 나와 밥 먹을 때 다른 사람의 기분을 살피지 않고 자신이 좋아하는 것만 먹어요. 단지 밥 먹는 문제이지만 그게 불편해요."

이 학생이 친구에게 밥을 사는 상황이라고 판단할 수 있겠다. 만약 친구가 밥을 산다면 친구가 좋아하는 음식을 먹어도 분노하지 않을 것이다. 자신이 돈을 내고 좋아하는 음식을 먹는 것은 당연하다. 이 학생은 기껏해야 친구와 밥을 같이 먹어 주는 정도의 헌신을 한다.

만약 학생이 좋아하는 여성에게 식사를 대접했다면 그녀가 좋아하는 음식만 먹어도 그저 귀여울 뿐 분노하지 않는다. 좋아하는 여성과 함께 식사하고 싶은 것은 이 학생의 욕구이고 헌신감이 크지 않다. 이런 경우는 존재적 헌신이다. 하지만 애초에 친구에게 밥을 사 주고 싶은 마음이 크지 않았다면 쉽게 분노한다. 그는 친구의 감정을 살피고 식사를 대접했지만 친구는 그의 감정을 고려하지 않았기 때문이다. 이런 경우는 인위적 헌신이다.

대가를 받지 못하는 것 자체로는 분노하지 않는다. 헌신이라는 자기 강요를 했음에도 불구하고 대가를 받지 못했을 때 분노한다.

인위적 헌신은 소모와 희생

존재적 헌신은 자양분이 된다. 마음에서 우러나와서 타인에게 잘해 주면 만족감과 가치감을 느끼고 마음이 여유로워지는 의미 있는 경험을 한다. 이런 경우는 행동할 때마다 감동한다.

하지만 인위적 헌신은 소모적이다. 그 사람 또는 그 일이 싫지만 그래도 해야 한다고 스스로에게 강요하면 가장 적은 소모를 통해 최고의 결과를 얻고자 한다. 인위적 헌신의 본질은 희생이다. 자신의 유쾌함, 편안함을 희생하고 다른 사람을 만족시킨다.

그런데 희생하면 미워하고 원망하는 마음이 생긴다. 인위적 헌신은 힘들다. 사람은 힘들면 상대방의 관심과 배려가 필요하다.

이때 잠재의식은 말한다.

'더 이상 나를 이용하지 마! 난 희생하고 싶지 않아! 당신이 나를 돌봐야 해, 난 이제 안 되겠어!'

'내가 이 일을 억지로 한 것은 다 당신을 위해서였어. 내가 이렇게 많은 것을 바쳤는데 당신은 왜 보답하지 않아? 왜 나의 욕구를 만족시켜 주지 않는 거야? 어째서 내가 편안해지는 일을 조금도 하지 않는 거야?'

원하는 것을 위해 억울함을 감수하다

분노한 사람에 대해 다시 생각해 보자. '희생하고 싶지 않다면서 왜 하는 걸까? 정말 상대방을 위해서인가?' 지쳤는데도 자녀의 수면과 식사를 신경 쓰는 것은 아이를 위하고 책임감 있어 보인다. 하고 싶지 않은데 싸우고 싶지 않아서, 상대방의 기분 때문에 어쩔 수 없이 하면 상대방을 위하는 것처럼 보인다. 하지만 사실 모든 인위적 헌신은 자신을 위해서다. 더 원하는 것이 있기 때문에 억울함을 느끼는 일을 선택했다.

억지로 자녀를 돌보는 것은 좋은 부모라는 이미지를 만들어 자신의 죄책감을 해소하기 위해서다. 야근은 상사에게 좋은 인상을 남겨 승진하고 싶어서다. 다른 사람에게 돈을 빌려주는 것은 관계를 잃을까 봐 두려워서다. 이는 상대방보다 그 관계를 더 필요로 한다는 것을 설명한다. 나의 헌신이 다른 사람을 위한 것이기도 하지만 더욱이 자신을 위한 것이다.

따라서 분노했을 때 스스로에게 물어보자. '상대방을 위해 무엇을 바쳤는가? 나의 헌신은 정말 내가 원하는 것인가? 아니면 자신의 마음을 거스르고 하고 싶지 않은 일을 하였는가? 만약 그렇다면 자신을 위해 무슨 일을 해야 하는가?'

내 감정 돌보기

분노는 다른 사람이 사용하는 기능이 나에게 없기 때문이다. 그것은 바로 '내 감정 돌보기'다.

'내 감정이 책임보다 중요하다'

책임져야 할 일이 많다고 생각할 수도 있겠다. 하지만 어떤 사람은 자신의 감정을 1순위에 두고 불편하거나 원하지 않는 일은 하지 않는다. 모든 사람이 해야 한다고 여겨도 그렇다.

'내 감정이 옳고 그름보다 중요하다'

일에 옳고 그름이 있다는 건 사실이다. 하지만 누군가는 자신의 감정을 우선시한다. 자신이 편안한지가 옳은 행동을 했는지보다 중요하다.

'내 감정이 상대방보다 중요하다'

사람들은 대개 상대방의 기분을 살피고 상대방이 실망하지 않도록 자신의 억울함을 선택한다. 하지만 자신의 감정을 중시하는 사람은 '나는 당신이 기쁘길 바라지만 나의 좋은 기분까지 희생해가며 당신을 기분 좋게 하고 싶지는 않아.'라고 생각한다.

'자신의 감정이 화목함보다 중요하다'

화목한 관계도 중요하다. 하지만 자신의 감정을 중시하는 사람은 '갈등이 없으면 좋지만 갈등을 없애기 위해 불편함을 감수해야 한다면 차라리 갈등을 일으키겠어.'라고 생각한다.

이런 선택이 바로 자신을 사랑하는 것이다. 자신을 사랑하면 인위적 헌신을 줄이거나 멈추고 자신의 감정을 돌본다. 자신의 감정을 돌보면 다른 사람에 대한 욕구가 강하지 않다. 그러면 다른 사람이 나를 만족시키지 않아도 충분히 인내할 수 있다. 분노는 그렇게 줄어들기 시작한다.

물론 모두가 이기적으로 살아야 한다고 말하는 것이 아니다. 그러면 이 세상은 누가 만들어 가겠는가? 위기가 닥쳤을 때 누가 나서겠는가? 우리의 소방관, 의료진, 경찰들은 자신의 감정 때문에 헌신하면 안 된다는 말인가?

공헌은 미덕이다. 하지만 강요로 실행되어서는 안 된다. 만약 공헌을 통해 경험한 의미감이 다른 것보다 크다면 공헌을 선택하는 것 자체가 자신의 감정을 돌보는 일이다. 자신이 진짜 신택하고 싶은 것을 선택하는 것이 자신의 감정을 돌보는 일이다.

☑ 내 마음속 분노 살펴보기

1. 분노했을 때 상대방을 위해 무엇을 했나요? 하고 싶지 않지
   만 어쩔 수 없이 한 일이 있나요? 자신의 마음속 진실한 감정
   을 어떻게 위배했나요?

2. 당신의 헌신이 어느 관점에서 상대방을 위한 것이라고 말할
   수 있나요? 어느 관점에서 자신을 위한 것이라고 말할 수 있
   나요?

3. 이에 대해 어떤 기분이 드나요?

4. 자신의 감정을 잘 돌보기 위해 무엇을 할 수 있나요?

자기 사랑을 위한
극적인 해답

타인의 인정을 바라는 당신, 스스로를 인정하는가?

남이 인정하지 않아 분노한다면 우선 묻고 싶은 것이 있다.

"스스로를 인정하는가?"

한 여성이 말했다. "제 남편은 항상 저에게 까다롭게 굴어요. 설거지가 깨끗하지 않다, 바닥이 더럽다, 육아를 잘하지 못한다며 들볶아요. 그래서 너무 화가 나요. 제가 못하면 남편이 하면 되잖아요! 아무것도 안 하면서 왜 저에게 따지는지 모르겠어요!"

이 여성은 남편에게 '트집을 잡는다'라는 라벨을 붙였다. 분노한 그녀가 필요한 사랑은 '인정'이다. 그녀는 남편의 인정을 원한다.

혹시 남편이 끝내 아내를 인정하지 않으면 그녀가 원하는 사랑은 물거품이 된다. 하지만 곰곰이 생각해 보자. 남편의 인정이 왜 그렇게 중요한가. 이 여성은 자신을 스스로 인정하지 않았기 때문에 남편의 인정하지 않는 태도에 민감하다.

가정주부인 그녀에게 가사 노동과 육아는 그녀가 가치감을 느낄 수 있는 유일한 원천이다. 다른 직업이 없는 그녀는 사회적 가치를 창출할 수 없다는 생각에 낙담한 상황이다. 그런데 남편이 그녀가 하는 일에 트집을 잡는 것은 그녀의 낮은 자존감에 최후의 일격을 가하는 것과 다름없다. 사실 이 여성은 자신을 수도 없이 부정하였고, 이 때문에 남편의 지적은 자존감을 나락으로 떨어뜨렸다. 그녀는 자신의 무능함에 대한 분노를 남편에게 전이했다.

참 재미있는 일이다. 자신이 자신을 미워하면서 상대방이 자신을 미워하지 않길 기대한다. 하지만 상대방이 나를 미워하지 않거나 심지어 칭찬한들 무슨 소용이 있을까? 이런 미약한 인정이 강력한 자기 혐오를 소멸시킬 수 있을까?

이 여성의 인정 욕구를 만족시키는 진정한 해결책은 남편의 트집을 피하는 것이 아니라 스스로 자신을 인정하는 것이다. 현재 사회 활동을 하고 있지 않아도 가사 노동과 육아의 능력과 가치는 남편보다 전혀 떨어지지 않는다. 그녀가 자신의 공헌을 인정할 수 있을 때 남편에게 트집을 멈추라고 할 저력이 생긴다.

타인의 이해를 바라는 당신, 자신을 이해해 주는가?

한 여성이 호소했다. "저는 아이와 가정을 위해서 많은 것을 바쳤고 이제 너무 지쳤어요. 그런데 남편은 핸드폰과 텔레비전만 볼 뿐 저를 이해하지 않아요. 심지어 저와 자주 말다툼을 해요."

나는 그녀에게 물었다. "자신을 이해해 주나요?", "매일 희생하는 자신의 노고를 알아주나요?", "힘들 때 스스로에게 그만하자고 말하나요, 아니면 일이 자신보다 중요하다며 쉬지 않고 해나가나요?", "자신의 감정을 중시하나요? 자신의 감정이 더 중요한가요, 아니면 일이 더 중요한가요?"

대화 결과, 그녀는 자신을 이해할 줄 몰랐다. 그녀에게 너무 많은 '반드시'가 있었다. '아이는 반드시 잘 키워야 하고 화를 내면 안 된다. 집 안은 반드시 깨끗해야 하고, 가족에게 반드시 식사를 차려 줘야 한다. 명절이면 부모님과 친척에게 반드시 선물을 보내야 한다.'

이러한 도리는 사실 전혀 문제없다. 하지만 옳은 일을 반드시 모두 다 해야 하는 것은 아니다. 게다가 다 해낼 수도 없다. 하물며 소위 옳은 일을 할 때 하고 싶지 않은 자신을 이해해 준 적이 있는가?

한편 남편은 왜 이런 일을 하지 않고 휴대전화만 볼까? 자신을 이해해 주기 때문이다. 그는 자신의 한계를 받아들이고 자신에게 강요하지 않았다. 그래서 남편은 아내의 고생을 이해할 수 없다.

남편은 자신을 힘들게 한 적이 없기 때문이다. 아내 역시 남편의 즐거움을 이해하지 못한다. 그녀는 해야 할 일을 포기하고 즐거움을 먼저 선택한 적이 없기 때문이다.

따라서 남편이 일부러 아내의 노고를 모른 척하는 것이 아니라 그녀의 노고를 이해하지 못할 뿐이다. 그리고 남편이 아내를 이해하는지는 중요하지 않다. 이 여성이 자신을 이해해 준 적이 없다는 것이 중요하다.

어떻게 해야 자신의 노고를 이해해 준다고 할 수 있을까? 자신의 감정을 일보다 중요시해야 한다. 그러면 남편이 자신을 이해하는지는 그다지 중요하지 않다.

타인의 존중이 필요한 당신, 자신을 존중하는가?

한 학생이 말했다. "어머니가 제 인생, 자산, 결혼 등을 당신 뜻대로 계획하려 해요.", "어머니가 제 의견을 존중해 주면 좋겠어요."

그가 어머니에게 붙인 라벨은 '통제'다. 그에게 물었다.

"스스로 자신의 의견을 존중하나요?"

어머니가 자신의 인생을 계획하는 것이 싫다면 거부할 수 있다. 자신의 생활 리듬도 매우 중요하고 존중받아 마땅하다. 타인의 존중은 나의 의지에서 온다. 자신의 생각을 중시하고자 하면 아무도 상대방의 생각을 강요하지 않는다.

나는 다양한 관계 속에서 존중받고 싶은 욕구가 있는 사람을 많이 만나 왔다. 사실 그들이야말로 자신을 가장 경시하는 사람들이었다. 그들은 자신의 이익과 생각이 타인과 충돌하면 먼저 자기 자신을 포기한다. 자신도 스스로를 존중하지 않는데 어째서 타인이 존중해 주길 바랄까?

자신을 존중하는 사람만이 타인으로부터 존중받을 수 있다는 사실을 항상 염두에 두자.

2가지 질문

타인의 행동 때문에 분노를 느꼈다면 자신에게 2가지를 질문해 보자.

- 상대방에게 기대하면 나는 어떠한 이득이 있는가? 나는 어떤 사랑을 원하는가?
- 타인이 나를 위해 어떤 행동을 하길 바랄 때 나는 나를 위해 그 행동을 하였는가?

남이 나를 신경 써 주는 것도 중요하지만 아무도 그럴 수 없을 때 자기 자신을 스스로 돌볼 수 있는가? 나 자신을 잘 돌보는 것이 남이 나를 신경 써 주는 것보다 더 중요하다.

자신을 사랑하는 것이야말로 다시는 분노하지 않을 궁극적인 해답이다.

☑️ 내 마음속 분노 살펴보기

분노했던 경험을 적어 보세요. 누구에게 분노했나요? 무슨 일이 일어났나요? 또는 앞의 분노 사례를 이용해 보세요.

1. 어떤 사랑이 필요했나요?

2. 어쩌다 소홀히 하게 됐나요?

3. 자신을 위해 또 무엇을 할 수 있을까요?

부록

분노 분석표

사건:

라벨:

❶ 심판

1. 당신은 __(-A)__ 야, 내가 그렇다면 그런 거야!

2. 당신의 __(-A)__ 은/는 틀렸으니까 그렇게 하면 안 돼, 반드시 나에게 동의해야 해!

3. 내가 생각할 때 _____(사람/역할)은/는 반드시 __(+A)__ 이어야 해. 반드시 그 규칙에 따라 살아야 해!

❷ 기대

4. 당신에게 __(+A)__ 을/를 요구해!

5. 나는 __(-A)__ 인 당신이 싫어. __(+A)__ 로/으로 변해야 만족할 수 있어!

6. 만약 나의 요구에 따라 __(+A)__ 로/으로 변하지 않으면 벌을 내릴 거야!

❸ 자기 요구

7. 내가 나에게 하는 요구는 __(+A)__ 야! 나는 __(+A)__ 할 수밖에 없어!

8. 나는 나의 __(-A)__ 인 모습이 싫어! 절대 나의 __(-A)__ 을/를 허락할 수 없어!

9. 계속 __(+A)__ 라서/이라서 나의 기분이 __(-F)__ 라고/이라고 해도 나는 __(+A)__ 을/를 할 수밖에 없어.

281

❹ 감정의 연결

10. 나 혼자 _(+A)_ 이면 -F야, 당신은 왜 편하게 _(-A)_ 인 건데!

11. 반드시 나처럼 _(+A)_ 이어서 똑같이 _-F_ 을/를 느껴야 해. 그러면 나는 심리적 균형을 찾을 수 있어!

12. 우리 아버지/어머니는 자주 _-F_ 을/를 느껴서 나도 아버지/어머니를 따라가고 싶어.

❺ 두려움

13. 우리는 _(+A)_ 이어야 안전하고 사랑받을 수 있어.

14. 나는 어렸을 때부터 어쩔 수 없이 _(+A)_ 였어. 증거는 _____ 야.

15. 당신이 반드시 _(+A)_ 이어야 해, 이것은 당신을 보호하는 거야!

❻ 사랑

16. 만약 당신이 _(+A)_ 라면, 나는 L을 느낄 수 있어. 나는 당신의 L이 필요해.

17. 내가 이렇게 _(+A)_ 인 것은 당신을 위해 헌신하는 거야. 그러니까 나에게 L로 보답해야 해!

18. 어렸을 때부터 아무도 나에게 _L_ 을/를 주지 않았어. 당신이 그들을 대신해 나에게 L을 보상해 줘!

분노 분석표 사용설명서

<분노 분석표>는 자신과 다른 사람의 분노를 탐색하는 데 도움이 된다. 자신의 분노에 대해 탐색할 때 다음의 단계를 밟아 보자.

1단계: 분노 유발 사건 기록하기

무슨 일로 누구에게 분노했는가? 언제 일어났는가? 나를 분노하게 한 사건을 짧게 요약하고 기록하며 분노의 배후에 무엇이 숨겨져 있는지 생각을 정리한다.

분노를 분석할 때 대략적으로 탐구하고 싶다면 10분 정도 투자하고, 정밀하고 구체적으로 탐구하고 싶다면 30분 이상 투자한다.

2단계: 라벨 찾기

타인의 행위를 어떻게 이해하고 있는지 알아볼 수 있는 라벨을 찾는다. 분노했을 때 우리가 타인에게 붙인 라벨은 거의 부정적인 라벨로 -A라고 표기한다. 이기적이다, 나태하다, 통제욕이 강하다, 향상심이 부족하다, 자율적이지 않다 등 부정적인 라벨의 반의어를 찾아 긍정적인 라벨을 의미하는 +A로 표기한다. 타인을 배려한다, 성실하다, 자율적이다, 타인을 존중하다 등이 그 예다.

3단계: 표 작성하기

표에 라벨, 부정적 감정, 사랑 및 욕구 등 대입해야 하는 항목 3개가 있다. 먼저 찾아낸 라벨 +A와 -A를 양식에 기입한다. 기입할 때 억울하다, 외롭다, 불안하다 등 분노의 배후에 있는 부정적이고 나약한 감정이 무엇인지 생각해 본 후 그것을 -F에 기입한다. 그 감정을 통해 기대한 사랑과 욕구가 무엇인지 생각해 본 후 L에 기입한다.

4단계: 필사 및 조정

필사 역시 감상과 공고화의 과정이다. 매끄럽게 읽히지 않는 부분이 있다면 단어와 표현을 수정한다. <분노 분석표>는 고정된 양식이 아니며 모든 문장은 참고용일 뿐이다. 자신의 감정에 따라 자신이 이해할 수 있는 양식으로 조정하면 된다.

5단계: 낭독 및 감상

<분노 분석표>는 크게 6개의 항목으로 나뉘며 항목마다 3개의 문장이 있다. 대략적인 탐색을 원한다면 항목을 읽어 본 후 감상한다. 정밀하고 구체적인 탐색을 원한다면 항목별 문장을 낭독하고 감상한다.

읽기는 반드시 필요한 과정이다. 마음속으로 읽어도 되고 큰 소리로 읽어도 되고 필사하며 따라 읽어도 된다. 형식은 자유롭게 선택할 수 있지만 무엇보다 음미하는 과정에서 그 글이 주는 의미를 깊이 새겨 보는 것이 중요하다.

다음과 같이 써 보자.

첫 번째 문장을 읽은 후의 감상:
두 번째 문장을 읽은 후의 감상:
세 번째 문장을 읽은 후의 감상:
……
전체적인 감상:

6단계: 결정

읽은 후에 무엇을 깨달았는가? 어떤 새로운 결정을 했는가? 기록을 한 후에 어떻게 하면 자신을 더 사랑할 수 있는지 생각해 본다.

인내, 친절, 관대함이 없거나 예절을 모르고 이기적인 것,
이 모든 것은 성급함의 상징이다.
헨리 드럼몬드

분노는 기묘한 사용법을 가진 무기이다.
다른 무기는 인간이 사용하지만
분노란 무기는 반대로 인간을 사용한다.
몽테뉴

분노하는 것은 타인에 대한 보복을
자기 자신에게 가하는 것이다.
알렉산더 포프

격한 분노는 하루의 수명을 갖고 있을 뿐이다.
하지만 하루 동안 파괴한 것은 백년이 지나야 회복될 수 있다.

로망 롤랭